関係人口

都市と地方を同時並行で生きる

高橋博之

光文社新書

かんけい‐じんこう【関係人口】『名』地域や、その地域の人々とさまざまな形で関わる人々。移住した人々を指す「定住人口」や、観光に来た人々を指す「交流人口」とは異なり、あくまで拠点は地域外に置きながら地域と継続的に関わる。地域づくりに必要不可欠な流動的人材として、地域活動の維持や地域経済の活性化、内発的発展につながることが期待されている。

＊都市と地方をかきまぜる（2016）〈高橋博之〉第二章「交流人口と定住人口の間に眠る「関係人口」を掘り起こすのだ。」「日本人自体がどんどん減っていくのだから、定住人口を劇的に増やすのは至難の業だ。しかし関係人口なら増やすことができる。」

はじめに

「世なおしは、食なおし。」

「都市と地方をかきまぜる」

そして、

「関係人口」


これまで僕が社会に訴えかけてきた言葉たちである。

特に、僕が現在、代表取締役社長を務める株式会社雨風太陽《あめかぜたいよう》のミッション、「都市と地方をかきまぜる」は、二〇一六年に出版した拙著（光文社新書）のタイトルでもある。東日本大震災の被災地支援で閃《ひらめ》いたこの「都市と地方をかきまぜる」という考え方の新しくて太いところは、都市のいいところと地方のいいところをフラットに見て再配列し、互いの課題を解決しながら、これまでにない新しい価値を一緒に生み出すところにある。

現代社会では、本来不可分である「消費者と生産者」「都市と地方」「人間と自然」が分断されてしまっている。僕たちの会社は、「消費者と生産者」の接触面積を広げ、都市と地方のあいだに「関係人口」を生み出すことで、日本中あらゆる場の可能性を花開かせていきたいと考えている。

どの土地にも等しく自然の恵みをもたらす、雨や風、太陽のように——。

そんな思いを込めて、会社の名前は「雨風太陽」にした。そして、東日本大震災の被災地で発見した「関係人口」という概念を日本で初めて言葉にし、活字にし、世の中に問うたのが、拙著であった。

では、「関係人口」とはなにか。

これから本書で深く掘り下げていくが、僕なりの定義を、本書の最初のページに辞書風に書いてみたので読んでほしい。はじめて活字になってから七年、当初は誰にも伝わらなかった「関係人口」という言葉は、今では地方創生を語る上で欠かせないものとなっている。

だが、急速に世の中に広がっていった一方で、必ずしも本質が伝わっていないとも感じている。たとえば、地域活性化において「特効薬」として期待されることがある。だが僕は

「漢方薬」だと考えている。対症療法ではなく根治療法のイメージだ。

「地域の課題は役所が解決してくれるだろう」

「企業誘致できれば地域は活性化できるはずだ」

そんな他力本願の姿勢から、地域の中にある資源を活用し、自ら新たな価値を生み出す姿勢への体質改善に役立つのが、「関係人口」となる人々なのだ。

僕には関係人口という言葉と概念を生み出した製造者責任がある。

あらためて背景や哲学、思想を語っておかなければならないと考えるようにもなった。

だから、前著『都市と地方をかきまぜる』の続編だと位置づけて本書を執筆した。


僕は学者ではなく、事業家である。

現場での実践をベースに、この関係人口の概念を生み出し、論を展開し、事業化してきた。

特に昨年（二〇二四年）は、元日に起こった能登半島地震直後から被災地に飛び込み、現場に張り付いて支援を続けながら、関係人口の力を活用した復旧復興のための取り組みと提言を行ってきた。この能登での経験は、僕自身が関係人口という概念を見つめ直す大きなきっかけとなった。読者の皆様にも、この経験を軸に論を展開すれば、よりわかりやすく、より具体的にイメージしてもらえると思い、能登でのレポートをベースに筆を進めた。

今の日本に足りないのは「生気《せいき》」である。

僕たちは、完成された消費社会の中で、ただ一度きりの「生」を持て余し、生きるリアリティ、生きる意欲に飢えている。

前著で僕は、都市住民は生きる実感やリアリティを喪失し、空虚感という「見えない檻《おり》」の中に幽閉《ゆうへい》されていると書いた。その檻から解き放たれたとき、日本は「生気」を取り戻すはずだ。

そのためには、いま目の前にある「生」が、他者との交歓や自然との交感によって直接に充溢することが必要になる。他者との関わり、自然との関わりが情緒的で濃いほどに、生きる実感は湧き立ち、生きる意欲が喚起されるのだ。

自分の眼の前にある他者や自然に働きかければ、働きかけられる。この連続する相互作用の複雑系が「生きる」ということだと僕は考えている。

課題が山積する地方だって同じだ。

その土地固有の自然と歴史に働きかけ、働きかけられることで独自の文化が花咲いてきた。

同様に、外からやってきた人間から働きかけられ、働きかけることで、新しい価値や事業も生み出されるのだ。働きかける側、働きかけられる側、双方の「生きる」を喚起しながら。関係人口とはこのように、眠れる都市住民と、沈黙する地方住民の「生きる」を呼び覚ます、大きなカギなのだ。

それは、三十年以上にわたり閉塞する日本が求める答えのように、僕には思える。

本書の構成は以下の通りだ。

第一章では、僕が代表取締役を務める株式会社雨風太陽が、NPOを起源とする会社としては日本で初めて東京証券取引所（グロース市場）に新規上場を果たした道のりを振り返り、社会的意味を考える。社会性と経済性の二兎を追うインパクトIPOとは一体、何なのか。

第二章は、関係人口誕生の背景、歴史的意味について掘り下げる。また東日本大震災やコロナ禍《か》に触れつつ、リスク受容と人間について考える。

第三章は、能登半島地震の被災地に飛び込み、支援を実践してきた活動ルポだ。なぜ、能登復興は日本の分水嶺《ぶんすいれい》なのか。東北と能登をつないだ先に何が見えるのか。集約的まちづくりと共存する「一流の田舎」への希望と矛盾を提示する。

第四章は、石川県能登半島地震復旧復興有識者会議のメンバーとして策定に関わった創造的復興プランの中身についての考察だ。なぜ関係人口が復興プランの核に据えられたのか。人口減少社会における人的リソース配分の価値観の転換の必要性についての論考と合わせて考えてみたい。

第五章は、二地域居住を含む関係人口を可視化し、社会実装するための方法について書いた。二重の住民票が社会にもたらすインパクトとは何か。その実現を妨《さまた》げる壁の正体とは何かに迫る。

第六章は、都市と地方が連帯するイタリアの訪問記と、関係人口を可視化する「ふるさと住民登録制度」を国政のアジェンダに上げる舞台裏のロビーイング奮闘記だ。関係人口は果たして地方創生の切り札になりえるのか。青写真を示す。

一九七四年岩手県花巻市生まれの僕は、一八歳で上京し、失敗、挫折、苦悩、葛藤、虚無ばかりの暗黒時代のような二十代を送った。憧れの新聞社の入社試験を百回以上受け、全滅。新聞配達員や政治家秘書を経て、二九歳で政治家を志し、帰郷。

選挙に必要な金も組織も知名度もなく、毎朝二時間街頭に立ち、演説を続け、三一歳のとき、岩手県議会議員に当時最年少で初当選し、二期務めた。その後、東日本大震災後の岩手県知事選挙に挑戦し、被災地となった三陸沿岸部三〇〇キロを徒歩で遊説《ゆうぜい》するという前代未聞の選挙戦を戦い、惨敗。だが、そのとき僕は行く先々で、「これからは農山漁村にこそ希望の種を蒔《ま》いていかなければならない」と訴えた。

その後、事業家に転身し、世界初の食べもの付き情報誌『東北食べる通信』を創刊した。さらには、本書で詳しく述べるが、「食べる通信」をビジネス化したスマホアプリ「ポケットマルシェ」を立ち上げ、二〇二三年には東京証券取引所に上場。

フリーター、政治家、NPO、一般社団法人、株式会社、上場企業と一通り経験し、見える景色はがらりと変わったが、社会に訴えかけてきたことは何ひとつ変わっていない。

都市と地方をかきまぜる。

これからもひたすらかきまぜ続けるだけだ。

人生はそもそも思い通りになんていかないのだから、今置かれた環境の中で衝動に駆られるままに、やりたいと思えることに全力で打ち込めばいい。そのとき心のコンパスが触れた方向に何も考えずに飛び込んでいけばいい。そうやって、人生の歯車を力強く回してきた。

本書は、そんな僕の「生気」を詰め込んだレポートでもある。

関係人口

目次

第二章　関係人口の定義

全焼してしまった「町中華」の再起
二地域居住と関係人口
二地域居住者は全国に七〇一万人もいる
変わるべきは住民ではなく法律だ
誰かを生かし、誰かに生かされているはずなのに
知事答弁
関係人口は「根無し草」なのか
谷川雁と黒川紀章の「予言」
三段構え
大物次官佐藤文俊
関係人口の獲得のために

第六章　都市と地方をかきまぜ続ける

241

能登で見つけた糸口
動き出した政局
アグリツーリズム
「生きものとしての人間」を自覚せよ

図表作成／デザインプレイス・デマンド

第一章——社会性と経済性を両立させるのはキレイゴトか？

都市と地方をかきまぜる

政治家とＮＰＯしかやったことがないデクノボーの僕が九年前に恐る恐る株式会社を始めたとき、株主の一人から、あるアドバイスをもらった。

「高橋さんは経営書なんか読まなくていいから、北方謙三の『水滸伝《すいこでん》』を読んだらいいよ」

すぐに全一九巻を本屋で買い、貪《むさぼ》り読んだ。舞台は一二世紀初頭、腐敗に塗《まみ》れた中国の宋。地方のひとりの下級役人が立ち上がり、掲げた「替天行道《たいてんぎょうどう》」の旗のもと、梁山泊《りょうざんぱく》に集結した豪傑・好漢たちが、乱れ切った世の中を正していくという物語だった。

これならオレにもできる。

そう思った。

素直な僕はその通りに、「都市と地方をかきまぜる」という旗を掲げ、四七都道府県を何周も駆け回り、農家や漁師といった生産者、そして都市で働く消費者と「車座《くるまざ》座談会」を通して、ひたすら自分の考えと思いを伝え続け、仲間を増やしてきた。車座座談会は文字通り、円になって座って、僕が考えを伝え、出席者からも自由に発言してもらう意見交換の場だ。すでに一三〇〇回近く、全国津々浦々《つつうらうら》で話し、聞き、語り合ってきた。

二〇二三年一二月に東証グロース市場に上場した理由、それもこれまでにないインパクトIPOという形にこだわった理由も、まさに仲間を増やすことだった。ちなみに、NPOとして創業した企業がインパクトIPOという手法で上場を果たすのは、日本初のことだった。

ここでいう「インパクト」とは、「社会性と経済性を両立し、ポジティブな影響を社会に与えることを意味する概念」で、そのインパクトを全面に掲げて上場するのが、インパクトIPOである。

これまで経済性と社会性を両立させることは、ともすれば〝キレイゴト〟だと言われてきた。「高橋さんのやっていることは社会にとっていいことだけど、いいことは儲からない。やっぱりビジネスじゃなくて、ボランティアとかNPOなんだよね」と何度言われたことか。

でもそれはおかしいと思ってきた。社会にいいこととは、社会に必要とされていることであって、たとえぼろ儲けできなくても、少なくとも経済的に成り立たないのはやっぱりおかしいし、それではいつまで経《た》っても社会はいい方向に変わっていかないじゃないかと思い続けてきた。だから、そんな時代はもう終わりにしないといけない、と。

経済性だけを謳《うた》ったIPOでは、必然的に、

「僕らの会社はこんなに儲かりますよ、だから株を買ってくださいね」というコミュニケーションになってしまう。それでは、社会課題の解決をビジネスの力でなんとかしようと起業し、発展してきた僕らの会社の社会的存在意義がなくなってしまう。

逆に、社会性だけに偏《かたよ》ってしまうと、地方の持続可能性、ひいては日本社会の持続可能性を高めることを目指す僕らが、自らの会社の持続可能性を疎《おろそ》かにすることになる。

だから、経済性と社会性の二兎を追うのだ。

ちゃんと世の中にいいことをやりながら、儲かることを示す。そして、我々の会社のビジョンに共鳴してくれた個人にファン（＝株主）になってもらうことで、経済性に引っ張られ過ぎて社会性を損ねること――つまり本来やりたいことができなくなるという事態にならないようにする。これが大事だと思ってきた。だから、ますます仲間（理解者）を増やすことが重要になってくる。

「この指とまれ」で運命共同体に

僕が代表取締役を務める「株式会社雨風太陽」の上場承認に関する報道が本社を置く地元

岩手の新聞でなされた日の夕方、岩手県宮古市でイカ釣り漁を営む知人の漁師から久しぶりに一本の電話がかかってきた。

「新聞見たよ。すごいね。この十年、高橋さんが〝食〟から世の中をよくしていくんだって訴え、行動し続けてきたのを見てたよ。これまで株なんて買ったことないし、売り買いとかするつもりもないけど、応援したいから高橋さんの会社の株を買わせてよ」

詳しくは後述するが、僕はかつて政治家だった。電話の主は、二〇一一年に僕が岩手県知事選挙に敗北し、一から出直そうと岩手の被災地を回っていたとき、まずは一次産業の現場を踏んだ方がいい、と人生で初めて漁船に乗せてくれた恩人だった。このとき十時間ほど沖に出ていたが、波が荒く、船酔いのせいで僕は終始吐いていた。漁業の厳しさを体感するとともに、漁師へのリスペクトが生まれるきっかけになった。ここから、魚価の低さをなんとかしたいという思いが湧き上がり、後に最初の事業として立ち上げた『東北食べる通信』（後述）につながっていく。上場の目的は仲間を増やすことだったので、この漁師からの電話は本当にうれしかった。他にも全国各地の生産者や消費者から、同じように株主になって支援したいという声が寄せられた。

雨風太陽のビジョンに共感した生産者や消費者が、「この指とまれ」で運命共同体になっていくのは理想的な状況で、考えてみれば、僕が政治家時代から変わらずに貫《つらぬ》いてきたスタンスでもあった。岩手県議会議員をやっていたとき、僕は無所属だった。選挙では、「僕が掲げるビジョンに共鳴する人は、自民党でも民主党でも社民党でも共産党でも、どこでもいいから一緒にやりましょう」と呼びかけていた。二期連続でトップ当選させてもらったが、マスコミの出口調査によると僕の得票傾向は、あらゆる地域、あらゆる年代、あらゆる業界にまんべんなく広がっており、偏りが見られないということだった。「地盤」となる地域や出自である業界などに得票が集中するのが一般的で、過去に見たことがない傾向だとメディアの人たちから驚かれていた。そして、そのスタイルは起業した後も、まったく変わっていない。

上場に至るまでの道のりは実に際どく、厳しく、険《けわ》しく、大変なものだった。会社の役員をはじめ、社員たちが本当によくがんばってくれ、薄氷《はくひょう》を踏む思いでなんとかたどり着くことができた。特に一年に及ぶ上場審査期間は緊張感に満ちた日々だった。今でこそ勇ましい言葉で上場の意義を語っているが、元々は資本主義に中指を立てているような人間だった。そんな僕が、なぜ真剣に上場を目指すことになったのか、そして上場までの道のりはどんなものだったのかを振り返ってみたい。

世なおしは、食なおし。

株式会社雨風太陽は東日本大震災がなければ生まれなかった。

僕は一九七四（昭和四九）年、岩手県花巻市で生まれ、公務員の父とパートで働く母に育てられた。地方のどこにでもあるごく一般的な家庭だ。少し違ったのは、知的障害者の姉がいたこと。当時はまだ障害者福祉に対する社会の理解が浅く、世間の冷たい目にきょうだいの僕もさらされ、悲しい思いや悔しい思いをした。理不尽なことに腹が立ち、それを正したくなる性分はこうして育《はぐく》まれたと思う。姉がいなければ、僕は今のような生き方をしていなかった。そういう意味では、姉からのギフトによって導かれた生き方だと感謝している。

高度経済成長が終わった後の波しぶきをもろにかぶって育った僕は、都会で成功することを夢見て、一八歳で故郷を出た。東京の大学に進学し、新聞記者を目指したが、百回以上入社試験を受けて全滅。縁があって代議士のカバン持ちをやり、そしたら自分自身が政治家をやりたくなり、二九歳で帰郷。毎朝、街角にマイクを持って立ち、三一歳で岩手県議会議員に初当選した。選挙に不可欠とされた地盤・看板・カバンなしでの挑戦だったが、二期連続

でトップ当選し、六年間務めた。地元での政治活動を通じ、高齢化や過疎化で衰退する農山漁村と、食べものをつくっている生産者が食べられないという悪い冗談のような現実に憤《いきどお》り、なんとかしたいという気持ちになっていた。

二〇一一年には、東日本大震災で被災した沿岸部の支援に走り回る中で、巨大防潮堤ありきの復興計画に疑問を持つと同時に、自分が復興の先頭に立ちたいとの思いを強くし、周囲の反対を押し切って岩手県知事選挙に出馬するも次点で落選。次の選挙は四年後だが、目の前には課題が浮き彫りになった被災地があった。今すぐに被災地の役に立つことをしたいと思い、後援会を解散し、政治家を引退。都市と地方の分断を生産者と消費者をつなぐことで解消したいと、雨風太陽の前身となるＮＰＯ「東北開墾」を立ち上げ、編集長として発行を始めたのが、世界初の食べもの付き情報誌『東北食べる通信』（写真）だった。

僕が東北各地の生産者を巡り、取材したライフストー

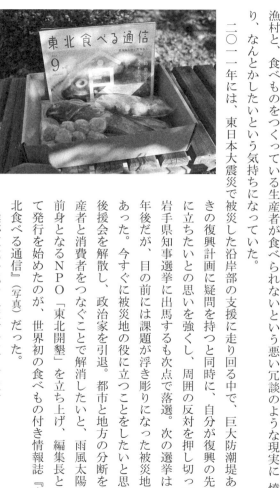

リーを八千字の特集原稿にまとめた一六ページのタブロイドには、「おまけ」として生産者が手がけた旬の食材がついてくる。この月刊で発行した東北食べる通信は瞬《また》く間に大きな反響を呼び、購読者は上限の一五〇〇人に達した。メディアにも多数取り上げられ、一年後にはグッドデザイン賞金賞を受賞。そして、僕の理念を受け継ぐ形で『食べる通信』は全国各地に広がり、さらには台湾にまで広がっていった。

東北開墾のビジョンを今読みかえしてみると、現在の雨風太陽のビジョンにそのままつながるような内容になっている。

世なおしは、食なおし。

消費とは、費《ついや》して消す、と書きます。私たちの暮らしは、他人がつくったものを貨幣と交換して手に入れることで成り立っています。効率もよく、楽ですが、そこには、自分たちの暮らしを、自らの知恵、創意工夫でつくりあげる喜び、感動がありません。私たちの暮らしは、私たちの手の届かないところに遠のいてしまいました。

暮らしには、衣食住が欠かせません。そして、一人の力で解決できない大きな課題はみんなで力を合わせて解決し、暮らしやすい地域をつくっていかなければなりません。

私たちはこれまで、衣食住、地域づくりを他人の手にゆだね、観客席の上から高みの見物をしてきたと言えます。誰かがつくってくれるだろう、誰かがやってくれるだろう、と。暮らしをつくる主人公（当事者）ではなく、お客様（他人事）でした。当事者を失った社会から活力などうまれようがありません。

わたしたちは考えました。

世なおしは、食なおし。

自分の暮らしを取り巻く環境に主体的に〝参画〟する。まずは、基本の〝食〟から。自分の命を支える食をつくる〝ふるさと〟を、一人ひとりがみつけてほしい。できるなら、その食をつくる人や海や土と、関わってほしい。自分たちの暮らしを手の届くところに取り戻すことで、自ら暮らしをつくりあげる喜びを思い出し、自然災害や経済的リスク、生活習慣病などを抱える脆弱《ぜいじゃく》な社会に備える。

わたしたちは、そんな思いを持って、東北開墾を立ち上げました。

東北には古くから、人も、海も、土も、支えあって生きる社会がありました。ほころんでいたとはいえ、まだ残っていたその支え合いの精神が、震災直後の被災地で生きる人々の命綱となりました。『東北開墾』はここから出発し、もう一度、人も、海も、土も、支えあって生きる社会を力強くめざします。

そのためにわたしたちが果たすべき使命は、食に〝参画〟する回路を開くことです。海や土からつくられる食が食卓へ届くまでのプロセスを共有し、生産者の思いや哲学に触れ、様々なかたちで〝参画〟していく。そのかたちには、知る、購入する、体験する、学ぶ、交流する、コミュニケーションをはかるなどがあります。

食に関わるおもしろさ、社会にコミットするおもしろさを実感できる独自のサービスを開発、提供します。食をつくるプロセスの一部に自ら〝参画〟した食材が、数ヶ月後に食卓に届くことで、断絶していた「つくる」と「たべる」をつなぎます。これまでの消費社会には、このつながりが欠落していました。そこにあるのは、単なる食とお金のやりとりだけ。

生活とは、活かして生きる、と書きます。このつながりを回復することで、「消費者」を「生活者」に変えたい。そのためには、単に生産者がつくった食べ物だけでなく、人間の力が及ばない自然に働きかけて命の糧をうみだす生産者の生きざまそのものに価値を見出していく必要があります。その価値を伝える情報を生活者に届け、その価値を共有する「生産者＝郷人（さとびと）」と「生活者＝都人（まちびと）」で新しいふるさとを創造するプラットフォームをつくります。

　断たれていた郷人と都人のつながりが回復されたとき、都市と地方はしなやかに結び合っていきます。そうして、両者が一緒になって新しいコミュニティとしての「命を支えるふるさと」、「心の拠《よ》り所となるふるさと」を創造する喜びと感動を分かち合っていく。

　都市の背後に立派な地方（農山漁村）がなければ、やがて共倒れします。今、郷人も、都人も、消費社会に飲み込まれ、疲弊しています。元気を取り戻すには、「つくる」で両者がつながることです。郷人にはつくる力がなくなり、都人にはつくる喜びがない。わたしたちは、食を通じて両者を混ぜ合わせ、一人ひとりの暮らしにつくる力と感動を回復していきたい。

　これまで相容《あいい》れないとされてきた「競争を避ける内に閉じた『地方の共同体を重視する社会』」と「競争を促進する外に開いた『都市の個人を重視する社会』」が、食を介して混ざり合った先に、活力に満ちた新たなコミュニティ、新たなふるさとを創出し、心躍るフロンティアを開墾していきます。東北開墾の最終的なゴールは、日本開墾です。

代表理事　高橋 博之

「儲からないからボランティアで」は終わりにしたい

水滸伝の「替天行道」のように、この檄文の下に全国各地から仲間たちが集まり、ご当地「食べる通信」は最盛期で五十を超えるまでに膨れ上がった。運営母体として一般社団法人「日本食べる通信リーグ」を創設し、僕が代表理事を兼務していた。ビジョンドリブン、つまりビジョン最優先で集まった仲間たちだっただけに、『食べる通信』で得た知見をスマホに実装する「ポケットマルシェ」（ポケマル）を株式会社として始める構想には、総スカンをくらった。詳しくは後述するが、ポケットマルシェは全国の農家・漁師から旬の食材を直接購入できるサービスで、「信念がぶれている」「金儲けに走った」といった捉え方をされてしまったのだ。

決してそんな変節をしたつもりはなかった。生産者と消費者をつなぐスピードを上げていかないと、生産者の疲弊も、農山漁村が衰退していく流れも止められないと考えていた。月刊、あるいは隔月の「食べる通信」モデルでは、誌面で取り上げる生産者の数にも限りがあるし、消費者の食卓に日常的に入っていくことはできないので、スケールしにくいのである。

そうした反対の声を押し切って、二〇一六年にポケットマルシェをローンチした。ポケットマルシェは生産者が自ら値付けし、スマホで簡単に生産物を直接消費者に販売できるサービスだが、スマホアプリを開発するにはエンジニアも採用しないといけない。だけどそのお金はＮＰＯにはないので新たに調達するしかない。そのために株式会社をつくって、またしてもこの指とまれ方式で出資者を募った。

当初は鳴かず飛ばずであった。ある意味でＮＰＯも政治の延長のような気分でやっていた僕にとって、民間のビジネスの世界は厳しかった。社会変革を居丈高に語ってみたところで、実際にサービスを使ってもらい、売上が上がらないことには、ただの寝言であり、誰にも相手にされないのだ。僕は次第に社会性と経済性の両極で、股裂き状態に陥っていった。そして、すっかり自信を喪失してしまっていた。当時のオフィスは東銀座のマンションの一室だったが、社員と顔を合わせるのも億劫《おっくう》で、出社しても一階のカフェで時間をつぶしているような有様だった。

上場など夢のまた夢のような業績だったし、投資家の目に常にさらされ、この股裂きの度合いがさらに深まるかと思うと、とても上場など目指す気持ちにはなれなかった。しばらく、地団駄を踏んでいたとき、社外取締役の永田暁彦からこう言われたのだった。

「博之さんを見ていると、高円寺の陸橋の下で数人の聴衆を前に〝世界を変える〟って歌っているインディーズの歌手を見ているようだ。本気で世界を変えたいなら、なぜ武道館を目指さないんですか?」

ぐうの音も出なかった。

考えてみれば、それまでの人生で僕は資本主義の中でまともに戦ったことが一度もなかった。それなのに、「行き過ぎた資本主義が社会を悪くしている」などともっともらしい大口を叩いていたのだ。なんだか恥ずかしい気持ちでいっぱいになった。

まず、僕たちが生きる圧倒的現実である資本主義の舞台にちゃんと上がり、社会を変えるために精一杯もがいてみる。「社会的にいいことは儲からないからボランティアで」。そんな時代はもう終わりにしたい。ならば、社会性と経済性を両立させる道を諦めてはいけないのではないか。股裂きに耐えうる強靭《きょうじん》な股に進化しながら、本気で東証(東京証券取引所)を目指すしかない。

そんな風に吹っ切れたのだった。

「もうダメかも」と思った上場審査の日々

二〇一六年のローンチ後、伸び悩んでいたポケットマルシェはコロナ禍の巣ごもり需要を取り込み、一気に拡大していった。約七〇万人の消費者と約七九〇〇名の生産者を結ぶ規模へと成長し、売上高は二〇二二年一二月期、前期比四二・七％増の六億三五〇〇万円に達した。こうして上場審査への挑戦権を獲得できる舞台に立った僕たちは、三つの証券会社にプレゼンをし、主幹事会社（新規株式公開の際、引き受け・販売等の中心的役割となる会社）はＳＭＢＣ日興証券に決定した。二〇二二年一二月にＳＭＢＣ日興証券の担当者たちが弊社を訪れ、役員と初顔合わせ。そこでおよそ一年に及ぶ上場審査のスケジュールとポイントについて説明を受けた。まず証券会社の審査を受け、合格すると、東証に推薦され、最後は東証の審査を受ける、という流れだった。いよいよ始まるんだなと、高揚感と緊張感に包まれた。

上場するということは、パブリックカンパニーになるということで、不特定多数の株主が雨風太陽の株を取得できるようになる。だから、「この会社はそれにふさわしいちゃんとした会社ですよ」と、証券会社の審査を経て、東京証券取引所がお墨付《すみつ》きを与えるというのが、上場審査である。

よって、審査は非常に厳しく、大変なものだった。事業内容、役員・株主の状況、仕入れ・生産・販売の状況、法令違反・訴訟関係、経営管理、内部管理体制、適時開示体制、内部監査、経理体制、予算統制など、膨大かつ細々とした確認事項が次から次へと押し寄せてきた。手を動かすのは他の役員たちで、僕はそれをただ見守るだけだった。予算と実績の乖《かい》離《り》も審査に大きな影響を与える要素となるので、予実の管理にも多大な神経を使い、とにかく考えうるすべての手段を講じて、達成を目指した。途中、何度か山場があり、もうダメかもしれない、万事休す、という場面もあった。再審査になると、また一からやり直しとなってしまう。それはどうしても避けたい。大学受験に失敗すると、また一年間、受験勉強に追われる浪人生活を送らなければいけないのに似ている。もうこんな大変なことは二度と繰り返せないという雰囲気が役員内、そして社内にも漂っていた。

そんな中、二〇二三年六月一七日に、「都市と地方の未来会議」という大きなイベントを都内で開催することになった。これが少し潮目を変えてくれたような気がする。オープニングセッションで、僕は事実上のインパクトIPO宣言をした。そして、弊社のミッション「都市と地方をかきまぜる」の連携先、いわば仲間たちである大企業、スタートアップ、N

ＰＯ、官僚、事業者、生産者をゲストに招き、二十以上のセッションを切れ目なく開催した。そして、この場に、上場審査を担当する証券会社の担当者たちにも来てもらった。

当日は天気に恵まれ、屋外に設けられたポケットマルシェ登録生産者たちによるマルシェ（市場）は大盛況だった。また五〇〇人規模の会場は満席となり、立ち見も出るほどだった。

舞台に上がった僕は、次のように全身で言霊《ことだま》をぶつけた。

＊

『上を向いて歩こう』の作詞者、永六輔《えいろくすけ》は言った。

「千人集まる講演会を一回やるより、十人集まる集会を百回やる方がいい。それが文化をつくる」

自分が食べるものの由来や背景を知って食べることを、いっときもてはやされるファッションではなく、しっかり社会に根付くカルチャーにしていきたい。その思いを胸に、地道に積み重ねてきた車座座談会は一二七〇回を超えた。東日本大震災の被災地での気づき（発見）から、〝都市と地方をかきまぜる〟という意思（主観）を示し、一二年間、わき目も振らず、一心不乱に社会に働きかけ続けてきた。

被災地で、心にぽっと芽生えてしまった気持ちに素直に従い、何も考えずに突っ込み続けてきたら、たまたま今いるところにたどり着いた。

同じことを言い続けてきたということは、定点観測してきたということでもある。この一二年間の変化に手応えみたいなものも感じている。〝都市と地方をかきまぜる〟というコンセプトから生まれた「関係人口」という概念について、当初はいちいち説明しなければならなかったけれど、今では政府の地方創生の政策に位置づけられるまでになった。

次はいよいよこのコンセプトを実際に社会実装する段階になる。

それを実現する具体的な方法として、雨風太陽は日本で初めてのインパクトＩＰＯ（ソーシャルＩＰＯ）に挑戦する。経済性（利益）だけでなく、社会的インパクト（社会に与えるポジティブな影響）も同時に追求する形での上場は、日本は欧米に大きく立ち遅れている。政治家をやめてからＮＰＯ起業し、一般社団、そして株式会社、さらにＩＰＯという道も前例がないと思うが、これまで同様、「道がなければ自ら切り開け」という気持ちでやり切りたい。

二〇一一年に、僕は岩手県知事選に出馬し落選した。あのとき、「まだ早過ぎる」と周囲には反対の声しかなかった。事実、選挙戦では「まだ若い」という〝若さ批判〟をたくさん浴びた。それでも今振り返ってみて、あのときの選択に後悔は何ひとつないと断言できる。なぜなら、あの決断がなければ、東北食べる通信も、全国各地の食べる通信も、ポケットマルシェも、おやこ地方留学（後述）もこの世に存在しなかったのだから。そしてこれらを実現する上で支えてくれたすべての人たちとの出会いもなかった。何より今、「ポケマルのお陰で本当に助かった」「暮らしや人生が豊かに変わった」「これがなくなったら困る」と言ってくれる生産者と消費者が日本中にたくさんいる。

岩手県知事選のマニフェスト（公約）の中に、「生産者と消費者をつなぎ、岩手の交流人口（ファン）を増やす」という項目があった。今思えば、それはその後、被災地の復興支援の現場での「関係人口」という〝発見〟に昇華していった。

それまでは、過疎で行き詰まる岩手を活性化するために都市の力を借り、格差を縮めていこうという他力本願な発想だったが、都市と農山漁村はそもそも相互に補完的なものなのだから、都市と地方を切り離して活性化策を考える思考自体から逃れるべきだという新しい発想に至った。都市の持つ高い生産性、良質な情報などの価値と、農山漁村が持つ豊かな自然、潤いのある人間関係などの価値を再配列して結合し、新しい価値を創造していくことこそが、真の地方創生ではないのかと。そんなイメージを持ちつつ、個別具体的に「食」の世界に落とし込んで表現したのが『東北食べる通信』だった。

僕たち消費者が日ごろ食べているものをつくっている生産者を可視化することは、自分が何に生かされているのかを知ることでもある。知れば、理解と感謝の気持ちが起こる。生産の背景、生産者の思いやこだわりを知り、僕たちの食卓や暮らしに価値を生み出そうとしている生産者たちの活動を積極的に消費で支えようとなる。彼らの生み出した価値に対してできるだけ「大きな」対価を、感謝のしるしとして提供する。そうして消費者が得られる新たな物質的喜びと精神的喜びは、そのまま生産者にとっては次の生産に必要な経済的・精神的エネルギーという資源となり、生産活動は持続可能になっていく。

顔の見える関係による喜びの交換は、「生産の喜び」を回復し、「消費の喜び」を最大化する。この食べる通信で得た知見をアプリに実装したのが、ポケットマルシェだった。間延びしたバリューチェーンから、循環するバリューサイクルへの転換。国政の補助金を通じてではなく、生産者と消費者の共感を通じて適正な価格形成を目指していってこそ、持続可能な一次産業となっていくはずだ。消費者が親子で地方の生産者を訪問して農漁業体験する「ポケマルおやこ地方留学」はその共感の土壌をより深く耕していくだろう。

都市と地方をかきまぜる――。

これが、一一年前に僕が東北の被災地から掲げた日本社会の答え（ビジョン）だ。そしてこの一一年間、全国各地で車座座談会を重ね、答えに共感してくれる仲間を増やしてきた。一方で、大きな限界も感じてきた。過疎で先細りの一途にある地方の農山漁村に残された時間はもうわずかだと現場を歩いていて感じてきた。今のスピードでやっていたのではとても間に合わない。だから、もっともっと仲間を増やし、目指す社会の実現に向かうスピードを上げるしかない。その手段として、僕が代表を務める会社、雨風太陽はインパクトＩＰＯに挑むことにした。社会に良いインパクトを与える会社として上場する、つまり経済性と社会性の両立を目指す会社になる。

世界では今、ＥＳＧが大きな潮流になっている。業績や財務状況などの経済指標だけでなく、環境問題や社会課題への取り組みも加味した上で企業価値を測る方法で、Ｅは環境（Environment）、Ｓは社会（Social）、Ｇは企業統治（Governance）の頭文字だ。日本はこの世界的潮流から大きく立ち遅れている。

そもそも、今の日本社会において「誰の目にも明らかな社会課題」は解消されつつある。課題といえば、「閉塞する社会における目標の欠如」くらいだと言ってもいい。

となれば、課題の設定は主観的にならざるを得ない。社会起業家は、自らの主観で社会に課題を発見して起業したのだから、社会起業家の数だけ指標があっていいはずだ。主観で示した「この指とまれ！」に、個人投資家（生産者や消費者など）が呼応し、一緒に社会課題を解決していく流れをつくる。雨風太陽はその先陣を切り、独自の指標を設定し、数値化し、公表し続けるという方法で、日本初のインパクトIPOに挑戦する。

スペインの哲学者オルテガは、二〇世紀を通じて世界中で進行してきたのは、人々が自らの生をすべて国家にアウトソーシングして委ねてしまう「生の国有化」だったという論を展開した。たしかに、それは人々の生存、生活に必要な条件を最速で整える道だった。同時に、それは社会的自発性を国家に吸収されていく過程でもあった。かくして社会課題は自分たちで解決するのではなく、「国や自治体がやってくれるものだ」となり、当事者意識が削《そ》がれていくことにもなった。二一世紀に入り、ない袖は振れない国は、「地方自治体よ、自立してくれ」、首の回らない地方自治体は「住民よ、自治の時代だ」と言い始めた。

しかし現実には、観客民主主義が跋扈《ばっこ》し、地方も住民も自立し切れずにいる。インパクトスタートアップの意味は、まさにここにこそある。

＊

六時間に及ぶイベントの最後は、生産者さんの取り組みを称えるアワードだった。書類選考を通過した八人の生産者たちが舞台に立ち、プレゼンに挑んだ。八人の生産者の一人、岡山県の漁師、富永邦彦さんは、注文が入った分だけ魚を獲る「受注型漁業」を考案し、実践している。乱獲を避けることにつながり、労働時間も経費も半減し、魚価は四倍に跳ね上がった。しかし、その先進的な取り組みは異端とみなされ、なかなか日の目を見ることはなかった。

富永さんにとって人生で初めてのプレゼンだった。原稿を手にステージに上がり、マイクを持った。原稿を持つ手は震えていたが、自然環境と将来世代に思いを馳《は》せた堂々たる発表で、心が震えた。後で聞いたら、港で海を見ながら何度も練習したらしい。会場でも、割れんばかりの拍手が鳴り響いた。僕が八年前に初めて書いた本のタイトルは、『だから、僕は農家をスターにする』だった。それが少しは実現できた気がした。

実務への目配りも、数字の管理もできないが

このイベントは、まさに僕たちが目指す社会を先取りして実現したような場であった。この場の空気に触れた証券会社の担当者たちもいささか興奮気味で、「がんばりましょう!」と帰り際に手を握ってもらったのはうれしかった。当初は、厳正な審査を機械的に淡々と進めていくクールな人たちというイメージで、人間的な付き合いがまったくできないでいた。だが、取締役の大塚泰造は、「証券会社の担当者も同じ人間。その担当者に『こいつらを東証にあげてやりたい』と思わせられるかどうかが勝負だ」と考えていた。

大塚は学生時代からの連続起業家で、いわば百戦錬磨の猛者《もさ》である。僕が知事選に落選して途方に暮れ、被災地を放浪しながら起業に向けて準備するも何もかもがうまくいかなかったとき、「おもしろいからやってみますか」と初めて背中を押してくれたのが大塚だった。以来、二人三脚で歩んできた仲間だ。僕は大風呂敷を広げる人、大塚はそれを畳んで形にする人、と明確な役割分担ができている。大塚は当初から、「笛吹が得意なやつは笛を吹いていればいい」という考え方で、一般的な経営者に必要不可欠とされるさまざまなことを、僕

にほとんど求めなかった。僕にとっては救いだった。

今更カミングアウトすることでもないが、僕はいわゆる一般的な会社の経営者とは違うスタンスで仕事をしている。実務全般に目配りする、数字を管理する、といったことは、他の取締役に委ね、僕自身は主にビジョンを考え、磨き、掲げ、伝え、それに共感してくれる人や企業、役人を巻き込みながらひとつの方向に導く役割を担っている。たとえば、実務全般を委ねている取締役に権藤裕樹がいる。権藤は東京大学二年生のころ、東京駅前の新丸ビルで開かれた僕の講演をたまたま聞いてしまった。

僕の講演はたとえ一時間半を超える場合でも、スライドや資料の類《たぐい》は一切使わない。資料を使うと「説明」になってしまい、聴衆の心を揺さぶる「言霊」にはならないからだ。いつも講演会場に向かいながら講演の趣旨を確認し、その日話すことをざっくり考える。会場に着いて、その場の空気を感じてから、最終的に構成を固めるのだが、毎回自分でもどこにたどり着くのかわからない緊張感がある。あらかじめ資料を準備していたら、毎回たどり着くところは同じになる。それでは新しい気づきや発見がなく、つまらない。そして、ただの「説明」は聞く側も眠くなってしまうだろう。僕は「寝られたら自分の負け」だと思って、演台に立つようにしている。ぶっつけ本番の真剣勝負だからこそ、相手の心に言葉が届くのだ。そしてオーケストラ同様、講演も聴衆との共創だと思っている。聴衆が頷《うなず》きながら真剣な眼差しで聞いてくれると、話すこちらも乗ってくるものだ。だからこそ、聴衆の聞く力を引き出すために、真剣勝負を挑む。

権藤とはそのとき、名刺交換しただけだったが、その後、彼は総務省に入省し、鳥取県に出向しているときにご当地版「鳥取食べる通信」の創刊に関わってくれた。本省に戻った後も、交流は続き、結局、民間で地方創生に関わりたいということで雨風太陽に転職してくれ、その後、取締役となった。

熱は伝導する

苦手なことやできないことは多いけれど、言葉を武器にビジョンを広げ、仲間を増やしていくことに関しては特異な才能がある――。そんな僕の特性をよくわかっている大塚は、上場審査が難航する中、証券会社の担当者たちを車座座談会に招いた。車座座談会は僕の代名詞と言ってもいい。自分の土俵に引き込んだらこっちのものである。僕と参加者たちとの熱いやりとりの輪に加わると、明らかに熱が伝導している様子だった。その後、弊社本店がある花巻オフィスにも来てもらい、ポケットマルシェによって救われたという花巻の葡萄《ぶどう》農家と養豚農家の現場にも連れて行き、炎天下の中で話を聞いてもらった。その延長線上に、この「都市と地方の未来会議」はあった。この時点ですでに、一緒に上場を目指そうという仲間意識が芽生えていたような気がする。

　インパクトＩＰＯを目指す僕たちは二〇二三年八月、「インパクトレポート」を初めて発行した。インパクトレポートとは、社会課題の解決にどれだけ寄与したかを具体的指標で示すものだ。そもそも雨風太陽は、都市と地方の分断という社会課題をビジネスの力で解決するために岩手から生まれた会社だ。膨れ上がり続ける都市はゆとりをなくし、先細る一方の地方は活力を失っている。都市と地方をかきまぜることで、都市の活力を地方に引き込み、地方のゆとりを都市にもたらしていきたい。具体的には、「関係人口の創出」をインパクトとして捉え、二〇五〇年までに「二〇〇〇万人の関係人口の創出」を目指すことを掲げた。

　そのインパクトを最速で最大化していくことで、分断は解消に向かっていくと信じているわけだが、事業としては当然、信じているだけではダメで、根拠を示さなくてはならない。インパクトを可視化、計測、公開し、その価値を理解する仲間（ステークホルダー）を増やす活動を展開していく。具体的には、短期的なアウトカム（成果）である以下の三つを主要な経営指標として位置づけ、まずはその実績を公表するところから始めることにした。

①　顔の見える流通額

②　生産者と消費者のコミュニケーション量

③　都市住民が生産現場で過ごした延べ日数

この後も継続的な測定・マネジメントを行っていくことで、都市と地方の間を行き交うヒト、モノ、カネ、コミュニケーションの循環を加速させていく。また、社会性と経済性の両面においてポジティブな影響を社会に与え、そのプロセスを開示することで、僕たちのビジョンに共感する仲間を増やしていきたい。そんな思いを込めて、インパクトレポートを発行した。

最終ステージ

二〇二三年九月、証券会社の審査は大詰めを迎えていた。

経営管理部の担当取締役、相澤まどかを中心に、他の四名の取締役が奮闘し、いくつかの大きな山を越え、僕はそれをただ見守るだけだった。しかし、最後の関門は、そうもいかない。

なぜなら、社長面談だからだ。コーポレートガバナンスや内部統制などの企業統治、コンプライアンス、ハラスメント防止体制、リスクマネジメントと危機管理体制、経営管理体制、想定される事業リスクと回避策、予実の達成見込みと根拠、黒字化の時期と達成の蓋然《がいぜん》性、中期経営計画、成長戦略、会社の強みと弱みなど、細々《こまごま》としたところまで突っ込まれる。普段の資金調達や取締役会では、僕の後ろには常に元総務官僚の権藤や、百戦錬磨の大塚といった有能な取締役が控えていた。僕が答えに窮《きゅう》する場面では、すぐさま助け船を出してくれるので、安心して臨むことができていた。国会の予算委員会で、大臣が答弁に詰まると、すぐさま後ろの官僚からメモが差し出される。言ってみればそんな関係性だった。

だが、今回は他の取締役の同席が認められない。証券会社の担当者五人から、僕ひとりが一時間質問攻めにあうということで、取締役たちはみんな心配していた。権藤が証券会社の面接官の役となり、模擬面談をやるなどの対策を行った。

やり切るだけやり切って、迎えた本番。証券会社の面々が待ち受ける部屋に入り、着座すると、不思議なほど気持ちは落ち着いていた。僕は本番に強い。舞台が大きくなるほど、難易度が高くなるほど、冷静沈着になり、燃える。そのときも、周りに頼るべき人がいないのだから、もう自分でやるしかないなと開き直ることができ、逆に自信が湧いてきた。一時間、さまざまな質問が飛んできたが、すべてよどみなく自分の言葉で答えることができ、晴れやかな気分だった。こうして無事に証券会社による社長面談もパスし、いよいよ東証の審査という最終ステージに駒を進めることができた。

証券会社の審査は予選のようなもので、東証審査で想定される質問はほぼ網羅されている。あとは自信を持って臨むだけだった。まずは証券会社の審査同様、細々とした質問事項が送られてきて、こちらから回答を準備し、提出する。再度、質問事項が送られてきて、また回答を返すというやりとりを進めていった。特段、大きな問題もなく審査が進んだ。東証審査も、最後は社長面談がある。ラスボスは、東証のお偉いさんである。一一月九日、面談当日、一四時からの審査に備え、兜町の某所で月に一度の全社会議にオンラインで出席した。僕は自分を鼓舞するために、全社員に伝えた。

「東証に行くのは高校の修学旅行以来。経済性と社会性の両立を掲げるインパクトＩＰＯの最終審査にこれから向かう。いばらの道だけど、誰かが道を開かなければならない。最初はか細い一本道でも、続いてくる会社が増えれば、その道は少しずつ広がっていき、やがて社会の当たり前になる。我々がその先頭に立つ。みんなで一緒に切り開こう」

飲み会禁止令

最終審査は、証券取引所が入っている東証の上層階にある大きな会議室で行われた。

僕の他に経営管理部の担当取締役の相澤、常勤監査役の大貫美穂、そしてＳＭＢＣ日興証券の担当者三人で臨んだ。仲間たちが同席してくれたので、とても心強かった。この日は木曜日で、週末に岩手に戻り、週明けの一三日の月曜日に東京証券取引所から株式会社雨風太陽のグロース市場への新規上場が承認された。ＮＰＯとして創業した企業が上場するインパクトＩＰＯは日本初の快挙だった。また、岩手の企業の東証上場は一八年ぶりということで、地元の新聞、テレビも大々的に報じてくれた。

その翌日に東京へ移動し、二週間にわたる「ロードショー」が始まった。ロードショーとは上場承認を受けた後、株式公開前に、機関投資家に向けて行う会社説明会のことだ。新規株式公開のマーケティングにおいては重要なプロセスになる。以前は対面で機関投資家のもとを訪れる形式だったが、コロナ禍を経て、オンラインへと移行。およそ一時間半のスケジュールで、朝から夕方までびっしり埋められる。会社への理解を深めてもらうことでＩＰＯへの参加を促し、得られたフィードバックは、公募・売り出し価格の需給動向を判断する材料となる。得意の自由演技スタイルの講演と異なり、今回はあらかじめ機関投資家に訴求するプレゼン資料を準備し、それに従って時間通りにプレゼンする規定演技スタイルなので、事前に何度も練習して臨んだ。

東証から承認が下りてから実際に上場する日までおよそ一カ月。僕は車の運転は禁止、飲み会も禁止になった。万が一、交通事故や意図しない交通違反、また飲み会の場で揚げ足をとられるような写真をとられるなどのリスクを回避するためだ。実際、その前年に地方のあるスタートアップが上場承認を受けたものの、飲み会の場での社長の不適切な言動が致命傷となり、上場取り消しになった事例もあった。雨風太陽初期から出資してもらい、株主として目をかけてもらってきた岩手銀行系列の「いわぎん事業創造キャピタル」の稲垣秀悦社長が、わざわざ電話をくれた。

「この一カ月は会社の机の前にずっと座っててください」

高校の大先輩でもある稲垣社長からもクギを刺され、僕は一カ月間、大人しく過ごすことにした。

そして、一二月一八日、無事、新規上場を果たす日を迎えた。役員一同、紋付《もんつ》き袴《はかま》姿で東証の上場セレモニーに臨み、鐘を鳴らしてきた。ようやく舞台に上がれた。勝負はこれからだ。身の引き締まる思いだった。その日は東京駅前の八重洲ミッドタウンで、関係者やお世話になった方々向けに上場報告会を開催し、これからの決意を披露させてもらった。翌日は盛岡に行き、岩手県の達増拓也知事に上場の報告をした。一二年前に知事選に挑み、大敗を喫した相手だ。選挙に負けていなければ起業していなかったし、今回の上場もなかったと知事に伝えると、「岩手から上場するのは七社目。岩手県出身のオリンピアンは数十人。つまり、オリンピック選手になるより数が少ないこと。ますますの発展を期待しています」と激励をいただいた。翌々日には、岩手県の関係者のみなさん向けの上場報告会を花巻市文化会館で開催した。かつて知事選の決起集会を開いた会場でもあり、感慨深いものがあった。

第二章

関係人口の定義

関係人口の定義と類型

ここで改めて、本書の書名にも掲げた「関係人口」とは何か、整理しておきたい。

関係人口とは、「地域や、その地域の人々とさまざまな形で継続的に関わる地域外の人々」を指す。僕はいつもわかりやすく「観光以上、移住未満」と説明している。移住した人々を指す「定住人口」や、観光に来た人々を指す「交流人口」とは異なり、あくまで拠点は地域外に置きながら地域と継続的に関わる人々である。たとえば、タレントで株式会社TOKIO副社長の国分太一《こくぶんたいち》さんは、関係人口の代表選手だ。国分さんがMCを務める番組『TOKIOテラス』にスタートアップ企業社長として僕が出演したとき、「国分さんは東京出身だけど、東日本大震災以降、『ザ!鉄腕!DASH!!』などの番組で何度も福島を訪れ、まるで自分の故郷のように貢献している。まさに関係人口のお手本ですね」と伝えると、「そう、まさに福島の関係人口ですよ」と嬉しそうに答えてくれた。雨風太陽の事業は、「国分太一を量産する全国ダッシュ村計画だ」と熱弁したら、激しく共感してくれた。

関係人口は、地域づくりに必要不可欠な流動的人材として、地域活動の維持や地域経済の活性化、内発的発展につながることが期待されている。具体的には、地域住民との交流によってイノベーションや新たな価値を生み出すこと、個人の自由な働き方を実現できること、将来的には移住者の増加につながるといったことだ。関係人口になるのは、都会へ移り住んだ地域出身者、転勤などでその地域に暮らした転居者、災害ボランティア、ふるさと納税などで地域を知った人などさまざまだ。

総務省は次のように四類型に分類している。地域との関わりと思いを軸に、①地域内にルーツがあり、近隣に住む「近居の者」、②地域内にルーツがあり、遠隔に住む「遠居の者」、③ルーツがなくても過去に勤務や居住、滞在の経験を持つ「何らかの関わりがある者」、④ビジネスや余暇活動、地域ボランティアをきっかけにその地域と行き来する、いわば「風の人」といった具合だ。総務省は二〇一八年、関係人口への着目が地域再生の糸口になるという報告書を公表している。そして、同年から「関係人口創出事業」をモデル的に始め、地方創生の方針を定める政府の第二期「まち・ひと・しごと創生総合戦略」においても、関係人口の創出・拡大が掲げられることとなった。

また国交省が二〇二一年に実施した関係人口の実態把握調査によると、三大都市圏居住者の一八・四％（約八六二万人）、その他地域（地方部）居住者の一六・三％（約九六六万人）を占める関係人口は、三大都市圏からその他地域に約四四八万人、その他地域から三大都市圏に約二九七万人訪問していると推計されるなど、関係人口（訪問系）の大規模な流動が確認されている。さらに、地域において、産業の創出、ボランティア活動、まちおこしの企画等に参画する人、すなわち訪問系直接寄与型の関係人口は、三大都市圏居住者の六・四％（約三〇一万人）、その他地域居住者の五・五％（約三一七万人）存在していることがわかった。他にも、地域づくりへの主体的な参画のほか、イベントなど地域交流への参加、趣味・消費活動などを含め、さまざまな関わり方をしている。また、農山漁村部に関わる訪問系直接寄与型は、関わり先の自然環境に魅力を感じており、移住希望が強いことも判明している。

　この関係人口という言葉は、どのようにして生まれたのか。

二〇一一年の東日本大震災直後、被災地支援に入っていたとき、岩手県大槌《おおつち》町《ちょう》安渡《あんど》地区の町内会長が「たくさんの方が亡くなり、若い人たちも出ていった。これからはここに暮らす住民だけでなく、高橋さんのように頻繁に支援にやってきてくれる外の人たちと一緒に地域をつくっていかないと回らない」という言葉を聞き、そうか、定住人口が減っても、関わる人が増えれば地域は活力を維持していけるのか、そう思って、「関係人口」という言葉を着想したのだった。それから関係人口という言葉を使うようになり、二〇一六年に出版した拙著『都市と地方をかきまぜる』で関係人口について論じ、活字にした。

関係人口を研究しているジャーナリストの田中輝美さんの著書『関係人口の社会学』によると、関係人口という用語は、『東北食べる通信』元編集長の高橋博之と、雑誌『ソトコト』編集長の指出一正という二人のメディア関係者から生まれ、ジャーナリストや省庁、農業経済学者が肉付けしながら中心的に論じられてきたのが大きな流れである、とされている。

一方、急速な拡大にともない、混乱や批判も生じていると田中さんは指摘する。「関係する」という概念の広さと多義性もあり、自分と関係が強い人を指すとの解釈や、交流人口よりもう少し広い意味で使われることが多いという解釈など、一般的な使用についてはさまざまな解釈が存在している、と。また、ある地域の産物やそこでの経験を買う「消費者集団」に過ぎないといった批判、ときどき通うような「ゆるい関係」の人間が何の役に立つのか、といった批判もあるとしている。

関係人口の歴史的背景

関係人口が生まれた歴史的背景について、僕なりの解釈についても触れておきたい。

戦後のリソース配分のルールは、一貫して「まずは大都市に」だった。所得を生み出すのは圧倒的に大都市なのだから、資源はまず大都市経済の基盤形成に配分し、日本として最大限の所得を確保する。その後にその所得の一部をもって地方の活性化を図る。それが経済企画庁（当時）が策定した全国総合開発計画に代表される配分の基本的な考え方だった。この流れの中で、地方は過疎化していく。そうした地方の地域開発の手法として積極的に採用されたのはリゾート開発や企業誘致、社会資本整備といったハード中心の外来型開発だった。つまりモノによって地域を発展させ、都市と地方の格差是正を目指すというやり方だ。たしかに雇用は創出され、生活環境は改善したが、過疎化に歯止めがかかることはなかった。国土庁（当時）は、開発ブームの中で目先の利益に走り、地域振興などへの配慮が不十分だったと総括した。

そうした反省から、地域の再生は、地域内の主体が担うべきであるという内発的発展論が生まれたと前出の田中輝美さんは指摘している。そして、地域内の主体では自治体の存在感が大きかったものの、行財政資源の縮小が迫られる中で、新たにボランティアやＮＰＯが登場し、こうした多様な主体がネットワーク化するマルチセクターの存在感が注目を集めるようになった。その文脈の中で、地域社会と地域外主体との社会資本関係の構築が目指されるようになっていく。そして国がその地域外主体を送り込むようになった。二〇〇八年に農林水産省による「田舎で働き隊！」を皮切りに、二〇〇九年には総務省による「地域おこし協力隊」が始まる。都市から条件不利地域の過疎地に住民票を異動し、地域協力活動に従事する都市住民を最長三年間委嘱する制度で、当初八九人からスタートし、昨年は過去最高の七二〇〇人にまで増えた。

他にも、過疎地域などの集落の維持・活性化のためにノウハウを有する人材が具体的な取り組みやその取り組み主体となる地域運営組織をサポートする「集落支援員」は昨年、専任が二二一四人、兼任が二九二二人で、三大都市圏に所在する企業等の社員が自治体と協働で地域活性化の業務に従事する「地域活性化起業人」は昨年三三〇社七七九人と過去最高となった。

地域外主体、つまりよそ者が地域に入ることの効果としては、地域の再発見効果、誇りの涵養《かんよう》効果、知識移転効果、地域の変容を促進、しがらみのない立場からの問題解決などがあげられるが、中でも最大の効果は、地域の主体性の回復である。裏を返せば、地域再生の最大の課題は、住民の主体性の欠如にある。つまり、行政が解決してくれるだろうという他人事意識をいかに「自分事化」させられるかということだ。

では、そもそも一体なぜ地域は主体性を喪失してしまったのだろうか。フランスの哲学者ミシェル・フーコーは近代の権力の特徴を「生権力」という概念で説明した。近代以前の権力は、「ルールに従わなければ殺す」という君主制における主権のことを意味していたが、近代以後の権力は、むしろ人々の生に積極的に介入し、集団を効率的に管理・統制することを目的としている。前述したスペインの哲学者オルテガは、これを「生の国有化」と表現している。

今日、文明を脅かしている最大の危険はこれ、つまり生の国有化、あらゆるものに対する国家の介入、国家による社会的自発性の吸収である。すなわち、人間の運命を究極的に担い、養い、推し進めていくあの歴史的自発性の抹殺である。（『大衆の反逆』）

オーストリアの哲学者イバン・イリイチは、同様の文脈で学校制度と医療制度を批判した（『生きる思想』）。人々は単に医療サービスや教育サービスを要求するだけの消費者に成り下がってしまい、人間が本来持っていたはずの可能性が発露しないまま抑圧されていると。

それでは、生権力の監獄から解放され、自己形成する隙間を生み出し、自分自身を管理される側から、統治する側に転回することで生きるリアリティを蘇生するにはどうすればよいのだろうか。国に生権力を行使され、国有化されてしまった生に人々が抑圧されてしまった状態を、僕は「一億総観客社会」と呼んできた。たしかに観客席の上は楽で快適かもしれない。一方、空虚で退屈でもある。芸術家の岡本太郎はこの空虚感を次のように表現している。

スタンドでの感激はあっても、やはりただの見物人であるにすぎないのです。ひとがやったこと、あなたは全人間的にそれに参加してはいない。けっきょく、「自分」は不在になってしまう。空しさは、自分では気づいていなくても、カスのようにあなたの心にたまっていきます。楽しむつもりでいて、楽しみながら、逆にあなたは傷つけられている。言いようのない空しさに。(『今日の芸術』)

そして、その空虚感から脱するには、自分自身に充足するためにグラウンドに降りることが大事だと喝破する。電気冷蔵庫を置いたり自家用車をもったりして、生活が楽になる、そんな外からの条件ばかりが自分を豊かにするのではない。他の条件によってひきまわされるのではなく、自分自身の生き方、その力をつかむこと。それは、自分が創りだすことであり、言い換えれば、自分自身を創ることだと。僕たちは社会的生産のために、毎日、さまざまな形で働いている。しかし、分業が進んだ近代社会において、その社会的生産が必ずしも自分本来の創造の喜びとは一致しない。だから、そこが一致する場所を社会の中に見つけ、全人間的に参加することで自己回復の情熱を噴出させていく。その姿は、見る人に生き甲斐を触発させるはずだ、と岡本はいう。

「にぎやかな過疎」

そのひとつの具体的な形が、阪神・淡路大震災で現れていた。

ボランティアである。

誰に頼まれたわけでもなく、自らの意思で何か役に立てることはないかと被災地を訪れ、被災者支援に汗を流した。阪神・淡路大震災があった一九九五年は、後にボランティア元年と言われるようになった。そしてその三年後にＮＰＯ法が国会で成立する。これだけ人々のニーズが多様化した世の中にあって、「こんな特性のある学校があってもいいだろう」「こんな介護施設があってもいいだろう」と観客席からグラウンドに降り立ち、自らサービスを提供する側、つまり社会を創る側に回っていったのだ。それは、社会的生産と自分本来の創造的喜びを一致させる、まさに自己回復の情熱の噴出であった。

この潮流の延長線上に生まれた支流が、関係人口である。

今、過疎高齢化にあえぐ地方は課題が山積しており、安心安全な生活の条件が大きく揺らぎ始めている。そしてそこは、食べものやエネルギーの提供を通じて豊かな消費社会を支える土台でもある。つまり自分たちの足元でもある。そうしたエッセンシャルな場所に主体的かつ継続的に関わり、自分の得意分野で貢献することを通じて、自己回復の情熱を回復していく。こうした地域外の主体の動きが、地域住民の主体性を触発し、当事者意識を涵養《かんよう》していく契機になるのだ。そして関係人口は、これまでの地域おこし協力隊や集落支援員よりも、地域への参画のハードルを下げ、幅を広げる。なぜならリモートワークや副業、二地域居住など、一般の都市住民がライフスタイルの一環として行うからだ。これは、都市から地方へ関わる人々の数の桁を変えうる。

都市・農村交流の本来の意味は、地域外の住民によるお金、労力、アイデア、スキル、ノウハウ、ネットワークの提供が、地域内の内発的発展と結びつきやすいことにある。そしてここにこそ地域再生の糸口があると思う。外に開かれた地域づくりに取り組む地域住民、そして地域で自ら仕事を生み出そうとする地域おこし協力隊などの移住者がいて、そこに地域外から継続的に地域に関わる関係人口が加わり、これらの動きをサポートする中間支援組織もいて、さらに社会貢献活動に力を入れる企業が加勢する。こうした地域内外の多彩なプレーヤーが交錯し、熱を生むのが「にぎやかな過疎」だと、日本の農村研究の第一人者、明治大学の小田切徳美教授は表現している。人口減少は進むが、地域にいつも新しい動きがあり、人が人を呼ぶ、仕事が仕事をつくるという様相（人口減・人材増）になれば、地域に活力は生まれると。

「にぎやかな過疎」が命綱を太くする

「にぎやかな過疎」を日本中の中山間地に広げていくことは、僕たちの命綱を太くしていくことにもつながっている。

二〇一七年、サウジアラビアやアラブ首長国連邦（ＵＡＥ）などのアラブ諸国が、カタールとの国交を断絶すると発表した。カタールは豊富な天然ガスや石油などで外貨を稼ぎ、世界有数の金持ち国家となっていたが、食料自給率はわずか一〇％で、九〇％に及ぶ食料品輸入の約八割が近隣のサウジ、ＵＡＥなどを経由していたことが、アキレス腱となってしまったのだ。サウジとの国境封鎖で、食料品欠乏や食料価格高騰などが不安視され、カタール国内のスーパーでは買い占めが起きた。

輸入に大きく依存した食料事情を抱える日本にとっても、このカタールの件は決して対岸の火事では済まされないだろう。

国際情勢が不安定さを増す中、いつなんどき日本が政治的リスクにさらされるかは、ある程度予測ができたとしても、不可避な事態に直面する可能性はゼロではない。リスクを回避するための外交も、胃袋を握られた状態でどこまで強気でいられるだろうか。実際、カタールもその弱みにつけ込まれる形で外交的敗北を喫したのだ。

他にも天候リスクや自然災害リスクなどがある。過去にも、一九七三年には前年の世界的不作などによりアメリカ産の輸入大豆の価格が三倍に高騰し、ついにはニクソン政権が大豆の禁輸措置の断行に踏み切ったことがあった。日本では豆腐の値段がおよそ二倍となり、味噌や醤油業界は混乱に陥った。さらに、輸入飼料に依存していた畜産物の価格も跳ね上がった。二〇〇五年には米国を襲ったハリケーン・カトリーナにより港湾からの飼料穀物の積出に障害が起きるなど、日本の食料供給が混乱した事例もある。また自然の変動に起因せずとも、二〇〇八年にはトウモロコシがエタノールの原料として使用され始めたことが引き金となり、穀物価格が三倍に上昇したこともあった。

こうしたリスクを回避する根本的な方法は、自国の食料生産を増やすこと以外にない。カタールも国家食料安全保障計画を策定し、四万五〇〇〇ヘクタールを農地に変える意欲的な目標を定めるなど、自国での食料生産の拡大を目指していた。もっとも当時起こってしまった不測の事態には間に合わなかったのだが。

食料自給率を上げることは大事だと言われながらも、差し迫った問題として位置づけられることがなかった背景には、グローバリズムを支える自由貿易信仰があったように思う。その信仰の理論的支柱となってきたのが、リカードの比較優位論だ。一国における各商品の生産に必要な費用の比率を他国と比較し、優位の商品を輸出して、劣位の商品を輸入すれば双方が利益を得て、国際分業が行われるというものだ。この比較優位論に基づき、自由貿易は世界中に広がってきたわけだが、問題点もある。

他国の影響を受けずに自国が成り立つためには、最重要な生存基盤である食料やエネルギーなどを他国に大きく依存している状況は健全とは言えない。つまり、効率性を重視して国際分業を進めていい商品もあれば、逆に効率性にそぐわない商品もあるわけで、自国の安定的存立が国内の資源によってなされた上で、足りないものを輸入で補い合う方が、結果として国際社会の平和と安定につながるのではないだろうか。

農家が減少の一途にある中、政府は国内の生産基盤を維持するために、これまで平地での大規模農業の推進に活路を見出そうとしてきたが、果たして食料安全保障の観点から見て、それで十分なのだろうか。中小規模農業が中心の中山間地域は、全国の耕地面積の約四割、総農家数の約四割、農業産出額の約四割を占めるなど、我が国の農業において重要な役割を担っているが、山間部などの条件不利地域にあるため、農地の集約化が容易でなく、効率化を目指すことが難しい。集約化、大規模化による生産コストの引き下げには限度があるのだから、そこは僕たち都市住民（消費者）の出番であろう。

生産コスト削減の圧力に常にさらされるマーケットだけではなく、生産者と消費者の〝顔が見える関係〟という直接のつながりの中で、再生産可能な適正価格に近づいていくことは、足腰の強い食料安全保障にもつながっていくはずだ。その意味で、たとえばポケットマルシェなど、直接生産者から生産物を購入できるオンラインマルシェはひとつのソリューションになりうる。

生産者から直接購入する以外にも、消費者が関われる余白は中山間地にはたくさんある。

前述した労力、アイデア、スキル、ノウハウ、ネットワークの提供などである。様々な形で多様な都市住民が関わり、地域の経済活動、地産地消、六次産業化、農泊など、地域の資源を活用した農山漁村発イノベーションを生み出し、「賑やかな過疎」を生み出していくプレイヤーになるのだ。

二〇二五年四月、食料供給困難事態対策法が施行される。気象災害、戦争、感染症、円安などの「複合危機」を背景に、食料供給を巡るリスクが高まっている。一方、食料・資源ナショナリズムの台頭によって、日本の買い負けは常態化している。このような不測の事態にともなう食料危機が現実味を帯びている中、政府は異常気象や紛争などの影響で食料が大幅に不足する予兆があった場合、内閣総理大臣をトップとする対策本部を設置し、関係事業者に、生産や輸入の拡大、出荷や販売の調整などを要請できるとするのが同法である。実際に大幅な食料不足が起きた場合には、生産や出荷などに関する計画の提出や変更を指示できるとし、計画を提出しない事業者には二〇万円以下の罰金を科すとしている。さらに、最低限必要な食料も確保できないような場合、コメやさつまいもなど、カロリーの高い作物への生産転換を要請したり、指示したりすることができるとしている。

有事が起こったとき、政府が一定の強制力を持って、増産を指示することや、不当な買い占めや売り惜しみを防ぐことは必要だろう。しかし現在、日本の農家の平均年齢は六九・二歳である。平時における生産基盤の弱体化を放置していては、有事への実効性ある対応は難しいだろう。

特に、中山間地域である。慢性的な災害状態にある過疎地で生産を続ける農家の現場は、すでに有事に直面していると言える。気候変動のリスク、資材価格の高騰、販売価格の低迷、働き手の不足、地域社会の崩壊など、目の前の生産や生活を維持していくだけで必死な状況だ。そこに本当の有事が起こったとして、そもそも対応できる農家がどれくらいいるだろうか。

根本的には、中山間地域も含めた国内の生産基盤の立て直しこそが、最大の備えになる。そのためには、農村に都市住民（消費者）を巻き込み、協働するしかない。農村に関わる人を増やし、農村の課題解決力を上げ、農村に新しい仕事を生み出し、「にぎやかな過疎」を生み出していく。つまり、都市と地方を同時並行で生きる関係人口が増えていくことこそが、僕たちの命綱を太くする道なのである。

歩いてみたい衝動

前述したように、僕は、東日本大震災の被災地で発見した「関係人口」を平時で生み出す装置として、二〇一三年七月に食べもの付き情報誌『東北食べる通信』を創刊した。その後、いろいろな地方に御当地の『食べる通信』が広がり、二〇一六年九月には食べる通信の知見をスマホアプリに実装した「ポケットマルシェ」をローンチした。「食」を通じて、関係人口を創出していったが、その原点は、やはり東日本大震災だった。

自然災害はその時代の社会の課題を浮き彫りにする。東日本大震災によって浮き彫りにされた課題は、都市と地方の分断であった。被災した東北の三陸地方は、震災前から東北の中でも最も過疎高齢化が進んでいた。震災によって、その問題が一気に噴出することになったのだ。復旧、復興に必要な人的リソースが圧倒的に足りない。リソース不足を補う役割を担ったのが、関係人口だった。二〇二〇年、コロナ禍に突入してからは、都道府県をまたぐ移動の自粛ムードが広がり、ポケットマルシェを通じての関係人口も増えていった。

翌二〇二一年のこと、東日本大震災から十年の節目を迎えるにあたり、僕の中にある衝動が湧き上がってきた。

もう一度、岩手県沿岸三〇〇キロメートルを自らの足で歩き、四七都道府県を行脚したい――。


僕はその衝動に素直に従うことにした。「もう一度」とはどういうことか。二〇一一年に出馬した岩手県知事選挙で、僕は選挙カーに乗らず、被災地の沿岸三〇〇キロメートルを徒歩で遊説する前代未聞の選挙戦を展開したのだった。そして二〇一八年には「平成最後の百姓一揆」と銘打ち、四七都道府県を回って車座座談会を開催したこともあった。そうやって現場で直接聞く生の声が、僕のビジョンをアップデートしてきた。そして言葉に魂を吹き込んできた。今こそ、さらなるアップデートが必要なんじゃないか。そう直感が働いたのだ。

三〇〇キロメートルを歩き回るとなると、十日間はかかる。役員会で相談すると止められそうだったので、スタート地点の岩手県と青森県の県境にある久慈市種市町に着いてから、事後報告する形をとった。会議や打ち合わせなどは、歩きながらスマホで参加するスタイルだ。

当時、僕が歩きながら考えたことを回想してみたい。

「人間中心主義」という問題

――僕たちは日ごろ、明日がやって来るのは当たり前だと思って生きている。しかし、明日がやってくるのは当たり前などではないということを、コロナ禍は浮き彫りにした。人生には「死」という締め切りがあり、誰も逃れることはできない。そして、締め切りがいつやってくるのかは誰にもわからない。「死」を意識することで、漫然と過ごしてきた目の前にある「生」が、かけがえのないものに感じられるようになる。自分の人生にとって何が大切で、何が幸せなのか、気づけた人も多かったことだろう。

東日本大震災もコロナ禍も、「過疎高齢化にあえぐ地方の生産地」と「過密化が止まらない都市の消費地」の弱点を突いてきた。都市と地方、対照的ではあるが、いずれの根底にもすべてを人間の思い通りにしようという「人間中心主義」が横たわっていたのではないだろうか。

本来、人間は自然の一部であり、人間と自然は不可分であるが、無理に切り分けてしまうとさまざまな問題が生じる。環境破壊や気候変動といった問題を拡大させている根本的な要因になるし、また、社会の中に貧困や差別を生み出すことにもつながる。人間中心主義を追求することによって、人は「非人間的」になるのである。

一七世紀、デカルトから始まった思想は、人間の理性の優位性を信奉し、世界のあらゆる因果律を制御しようとする考え方だった。人間以外の生物はみな機械的なものだと見なして、どのように利用してもよいという極端な思考が生み出されたのだ。これが僕たちの現在の思考の底流に流れていて、そのパラダイムはここにきてやはり袋小路《ふくろこうじ》に陥っていると言わざるを得ない。生物学者の福岡伸一さんもそのように論じていた（「生物多様性コラム」）。

僕たちは、今こそ人間中心主義を乗り越えていくべきだ。「私と自然」「私と他者」が不可分になる社会に変わらなければならない。その突破口の一つになりえるのが、「食」を通じて、「私と他者」「私と自然」「都市と地方」「生産者と消費者」をつないでいくことだ。世なおしは、食なおし、と僕は言い続けてきた。そして、食べる通信やポケットマルシェを通して、実際に「脱人間中心主義」に向かった萌芽《ほうが》が生まれてきた。

輝きを取り戻した「生」は食から生まれる

世界の経済社会を停止させ、僕たちを外出制限に追い込んだ新型コロナウイルスは、たしかに「禍《わざわい》」であった。しかし、制約の多い自粛生活の中で、逆に日常の我慢から解放され、自由や幸福に気づいた人も多かったのではないだろうか。たとえば、満員電車通勤から解放され、その分、家族とゆっくり過ごす時間が増えた人。家で料理をする機会が増えて、コンビニやファストフードではない心豊かな食卓を楽しんだ人。「死」が身近になったことで、人生の締め切りを再認識できた人。そして目の前にある「生」の輝きを取り戻した人もいたはずだ。

僕たちは日ごろ、無意識に自らの生命を管理し、制御しているつもりでいる。だが、生まれることも、老いることも、病を患《わずら》うことも、死ぬことも、本来、自分の思い通りにはできない。人間はそもそも自然をコントロールしきれない。そして、僕たちの身体は最も身近な「自然」でもあるのだ。

予定調和な都市で生きる僕たちはそのことを忘れ、終わりのない日常をこなすように繰り返してはいないか。日本人は、戦後の貧困から抜け出し、いつか豊かな生活を手にしようとがんばってはきた。だが、それは「未来」に置かれた目的のために、「今」を手段に、そして犠牲にすることでもあった。高度経済成長期を経て、すでにその目的は果たしたにもかかわらず、それでも「今」という時間を生き切ることができずにいる。だから生きそびれる。そのことに気づかせてくれたのがコロナ禍であった。

日本を代表する社会学者の見田宗介《みたむねすけ》さんの最後の本となった『現代社会はどこに向かうか』の終章で、見田さんは僕から届いた手紙のことを紹介してくれたが、それは生きそびれないためにどうすればいいのか、という内容だった。その後、見田さんとは対談させてもらい、『東北食べる通信』の紙面に掲載した。見田さんは生きるリアリティの再生について、こう語った。

現在の生に不幸な者だけがこの不幸を耐えることの根拠を求めて、意味に飢えた目を未来に向ける。未来にある「救済」「目的」のための手段として現在の生を考えるという、時間意識の転倒を獲得することによって、多くの目に見える成果を達成することができるということを、文明は知る。知り、実行し、達成してしまった現在の文明は手段の根拠を失う。そしてリアリティの喪失に覆われた現代社会の空虚感を打ち破るには、現在の生が他者との交歓や自然との交感によって直接に充溢することが必要であり、そうして得られる幸福は、どんな大規模な資源の搾取も、どんな大規模な地球環境の汚染も破

壊も必要としない。つまり、永続する幸福である。

コロナ禍、目の前にある「生」を充溢させようと、人々が自宅で向かった先の一つが、台所と食卓であった。

ひとつのエピソードを紹介したい。

三重県南伊勢町の漁師である橋本純さんは、コロナ禍で出荷先の飲食店が休業し、行き場を失った真鯛の売り先に困っていた。

今どき自宅で魚を丸ごとさばく人はいないだろう。そうためらいながらも、初めてポケットマルシェに真鯛を出品してみた。すると、二カ月間で五六七〇尾も売れた。生まれて初めて魚をさばく人、命をいただいている実感を持ったという人、実家に帰れないから両親に送ったという人、子どもの入学祝いにしたという人、魚嫌いだった家族が競うように食べたという人、同じ真鯛を購入した友達とオンラインでご飯会を楽しんだ人――。多くの「生」を充溢させた人から橋本さんに喜びの声が寄せられた。

僕はこの光景に既視感があった。3・11と同じだ。

東日本大震災直後も、日常にある当たり前の幸せに気づいたという人が多かったのだ。社会の景色を一変させたこの二つの歴史的出来事をつないだとき、何かが見えてこないだろうか。

弱点を突かれた都市と地方

自然災害はその時代の社会課題を浮き彫りにすると同時に、社会の弱点も突いてくる。東日本大震災で突かれた弱点とは、過疎高齢化にあえぐ地方の生産地であった。災害のグローバルなデータベース「EM-DAT（Emergency Events Database）」によれば、感染症も自然災害のひとつに分類されるが、新型コロナウイルスという自然災害で突かれたもうひとつの社会の弱点とは、超過密都市の消費地だった。対極に見えるふたつの弱点は、実は、コインの裏表の関係にある。

コロナ禍にあっても、東京一極集中は止まる気配を見せなかった。総務省の最新の人口推計によれば、東京都の人口は初めて一四〇〇万人を突破。地方から人口を吸い上げ、膨れ上がり続ける大都市と、やせ細り続ける地方の農山漁村。これは戦後、都市と地方の双方が望んだ結果でもある。高度経済成長期、地方の農山漁村は都市への人的資源の供給源であった。

これによって、都市は生産、雇用、所得の面で飛躍的な成長を遂げ、若年層が流出した農山漁村の一人当たり農業生産性は上昇し続けた。都市にとって地方は、そして地方にとって都市は表裏一体、切り離すことのできない存在だった。役割を分担し、極めて効果的に機能してきたのだ。しかし、成長を遂げて成熟社会に移行して以降、綻《ほころ》びと歪《ゆが》みが目立つようになっている。

地方の農山漁村には、高齢化と人口減によって維持存続が危ぶまれる集落が数多くある。一方の大都市においては、物価高、地価高騰から長時間通勤、待機児童、貧困、孤独死までさまざまな問題が山積している。時代の変化に応じて、都市と地方の関係性を変えなければならなかったのに、硬直化し、今やそれぞれが日本社会のアキレス腱となってしまった。

そこを自然災害に容赦なく突かれている。都市化による過密社会が温床となり、グローバリゼーションを引き金に世界的なパンデミックは引き起こされた。東日本大震災や、その後のさまざまな自然災害においては復興の担い手となる若年層の人的資源不足が露《あら》わになった。今後、新たなパンデミックが起きない保証はない。震災、水害、温暖化といった大規模な気候危機や自然災害の発生も不可避である。発災のたびにモグラ叩きのような対症療法では持たない。

超高齢化社会の到来で財政負担が重くのしかかる日本社会は、いつまで耐えられるだろうか。自然災害を正面から受け止めるのではなく、受け流せる社会へと、構造そのものを変えていかなければならないのではないか。それは、都市と地方の関係性を抜本的に見直すことを意味する。同時に、人間の自然への向き合い方も見直さなくてはならない。すなわち「人間中心主義」からの脱却である。

瓦解する人間中心主義

経済的利益だけを追求するために自然を手段化し、生物多様性を攪乱《かくらん》する人間中心主義は、人間自身をも経済活動の手段と見なす。人間個々の尊厳を奪い、人間社会の中にも格差と疎外を生み出す。その結果、人間中心主義は、非人間的とならざるを得ない。

その象徴的存在が、アメリカ大統領ドナルド・トランプである。

かつて「気候危機はでっち上げだ」とパリ協定を一方的に離脱したことは記憶に新しい。すべて人間の思い通りにしようと、物質的繁栄を目指す拡大路線を突き進むと気勢を上げる。宇宙開発にも野心的だ。民間のロケット開発を牽引《けんいん》するスペースＸのＣＥＯイーロン・マスクに最大限の賛辞を贈る。「死に徹底的に抗《あらが》う」と言ってはばからないイーロン・マスクは、人間と機械の一体化を目指す不老不死ビジネスにも躍起になっている。

このような際限のない成長路線をひた走るトランピズムは、地球と生命の有限性の突破を目論み、〝もうひとつの世界〟があること喧伝《けんでん》し、これまで通り、すべてを人間の思い通りにしようという意思を貫徹する姿勢を強める。しかし今、僕たちが突き付けられている圧倒的現実は、記録的な猛暑や豪雨、干ばつ、洪水、山火事、海面上昇、新興感染症の拡大など、人間の生活と生存を脅かす差し迫った危機だ。それは、人間の思い通りにならない世界である。今や、地球を生きる誰もがそのリスクから逃れられない。

新型コロナウイルスがもたらしたパンデミックでは、もはや途上国も先進国も、国内も国外も、あなたも私も区別はなく、すべての国、地域、個人が当事者になった。全人類七七億人一人ひとりが、感染させるリスク、感染させられるリスクの鎖で網の目のようにつながったのである。自分だけが守られた安全圏など、どこにもないということに気づかされたわけだが、これは気候危機も同じである。不可分な人間と自然を切り分けることで、自分だけが守られる安全圏の中に身を置いていたつもりが、その中の安全と外のリスクもまた不可分である世界に突入したのである。つまりは、人間中心主義の崩壊である。僕たちは否応なしに、人間中心主義の外側に押し出され、もはやその内側に戻ることは不可逆的になってしまったのだ。

つながりの中で生かされる

人間にとって、自然はふたつの顔を併せ持つ。

たとえば「海」という自然を見てみよう。海は人間が生きるために必要な恵みを与えてくれる一方で、津波のように牙を剝《む》いて襲いかかってくることもある。

「ウイルス」だって自然の一つだと考えられる。ウイルスは人間に必要な免疫を与えてくれる一方で、時にパンデミックを引き起こし人間に不意打ちを仕掛けてくる。

これまで人間は、恵みを与えてくれる自然と、襲いかかってくる自然とで折り合いをつけながら生きてきた。しかし、「人間中心主義」に染まった人間は、本来不可分な自然を切り分けて、有益で効率的な「恵み」だけをかすめ取ろうとする。

津波を避けるためには、視界から海を遮断してでも巨大防潮堤を造ればいい。新型コロナウイルス感染から逃れるためには、経済社会を完全に止めて徹底的に除菌消毒すればいい。

自然がもたらすリスクを一切拒絶し、恩恵だけを根こそぎ享受しようとすると、そのような発想になる。その結果、結局は恩恵からも遠ざかることになる。

だが、繰り返すが、津波となる海は恵みを与えてくれる存在、つまり僕たち人間を生かしてくれる存在なのだ。だから、海は僕であり、僕は海なのである。

同じことは人と人の間にも言えるのではないだろうか。

著しく分業化が進んだ現代社会を生きる僕たちは、ひとりで生きていくことはできない。生活に必要不可欠な衣食住、電気、ガス、水道、交通、娯楽、趣味など、誰かが生産したモノやサービスを購入することで生きている。つまり、誰かに生かされているのである。逆に、自分も誰かを生かしているのである。

しかし、その誰かの顔はもはや見えない。人間の思い通りにしようという「人間中心主義」を体現してきた大量生産、大量消費、大量廃棄の産業システムは、資源を収奪し、環境を破壊するのみならず、生産と消費を分断し、人と人の関わりを見えなくしてきた。僕たちは、もう一度、人と自然、人と人のつながりを再構築しなければならない。

では、どのようにして、人と自然、人と人とのつながりをつくっていけばいいのか。

有力な入口となるのが、誰にとっても身近な「食」である。

僕たちが、毎日口の中に入れている食べものは、元をたどればすべて動植物の命である。その命を育てた生産者の思いや苦労を知れば、感謝の気持ちが生まれる。丁寧に調理し、残さず食べ、生産者にごちそうさまを伝えたくなる。手塩にかけて育てた生産物をそんなふうに大事に食べてもらったら、生産者も消費者にありがとうの感謝の気持ちを伝えたくなる。消費者はお金を食べて生きていくことはできない。生産者はお金がなければ生活していくことができない。だから、「お互い様」なのである。生産者あっての消費者、消費者あっての生産者。自然と人間同様、両者は切り分けられない。生産者と消費者を直接つなぐポケットマルシェでは、日々ありがとうの感謝の言葉が飛び交い、そんなお互い様の関係が可視化されている。

悲鳴と痛みを我がものとして感じるために

食べものとして口から摂取した動植物の分子は、人間の老朽化した細胞やタンパク質の分子と置き換わる。この分解と合成の繰り返しが、「生きる」ということだ。だから、僕たちの体は三日前と少し違うし、一年も経てば物質的にはまったくの別人になる。つまり、動植物は僕であり、僕は動植物なのである。動植物は自然の中で育まれるから、やはり自然は僕であり、僕は自然なのである。こうして食べものの裏側へ目を向け、思いを馳せることで、命の鎖の網の目の中にいる自分を自覚していく。自然に生かされる僕、生産者に生かされる僕。両者が不可分な関係になれば、自然や生産者の悲鳴を我が痛みとして感ずることができる。

だから、顔が見えるポケットマルシェでは、災害時にはより一層、生産者とユーザーの結びつきが強くなる。また、消費者と直接つながることで、市場流通への依存を弱め、環境に配慮した生産方法に切り替えた生産者もいる。消費と分断された生産は人間中心主義に陥るが、消費と直結した生産は、脱・人間中心主義へと向かうのだ。

そもそも、食は単に生命維持のためだけにあるのではない。食事は、スマホの充電と同じではないのだ。本来、人間の食事は栄養補給以外に、人間が人間らしく、文化的に生きる上で不可欠な「関係性」を育《はぐく》む場である。そして、そこにかけがえのない幸せがあった。

その関係性の意味を因数分解してみよう。まず、農業や漁業において人間と自然の間に関係性が生まれる。そして、農家や漁師といった農産物海産物の生産者と消費者の間にも関係性が生まれる。食事の際は、家族や友人知人と世代を超えた関係性が生まれる。食習慣の歴史を現代に伝えるという意味では時間を超えた関係性が、作ることと食べることによって知性と官能の関係性が生まれ、これらの関係性が重層的であればあるほど、記憶に残る幸せな時間となる。

誰も予期せぬコロナ禍で、ポケットマルシェでは多くの生産者と消費者がつながった。生産物の行き場を失い途方に暮れる生産者、外出自粛でストレスフルな生活を余儀なくされている消費者。異質な世界を生きる両者が出会い、互いに支え合い、生産者の「思い」と消費者の「おいしい」を共に分かち合い、想定外の世界を生き生きと楽しんでいた。意思ある生産者が花開き、そこに意思ある消費者が呼応していた。多数の「生産の物語」と多数の「食卓の物語」が地続きとなり、無数の心温まる物語が紡ぎ出された。規格に囚《とら》われた既存の流通システムが陥ったコモディティ化とは真逆の、代替不可能な唯一無二の物語。それは、人間個々の尊厳が回復した世界でもある。

第二のふるさと

生産者と消費者が関係性を深め、紡ぎ出したひとつの物語を紹介したい。

都内在住の三十代の女性は、ポケットマルシェを通じて、静岡市のイチゴ農家と出会った。先方の実直な人柄とイチゴのおいしさに魅せられ、リピーターとなった。

あるとき、その農家から届いた商品を開けると、おまけにイチゴの苗が入っていた。小学生の息子は初めて見るイチゴの赤ちゃんに目を輝かせ、親子で近所のホームセンターからプランターを買ってきて、マンションのベランダで育てることになった。生育状況を写真で農家に伝えると、適切なアドバイスをくれた。そうして交流を続けていると、今度は息子が静岡の農園に行ってみたいと言い始め、休日を利用してイチゴ狩りを楽しんだ。都会出身の女性にとっては、疲れたときにリフレッシュできる場所、何かあったら逃げ込める場所、つまり「第二のふるさと」となり、イチゴ農家にとっては東京に孫ができたようで生き甲斐になった。コロナ禍で買い占めが広がり、都内のスーパーから一時的に食料品がなくなったときも、農家は「困ったときはいつでも食べものを送るから」と女性に連絡し、安心させた――。

具体的な個と個が双方向でつながり、継続すると、そこには、より深い関係が生まれる。生産者と消費者が直接つながるD2C（ダイレクト・トゥ・コンシューマー）と呼ばれる新しいモノづくりは、エンド・トゥ・エンドのつながりを強める。従来のマス型消費社会では、消費者は数値化・類型化され、埋没していた。生産者も同じだ。それが今、個として浮上し、つながり始めている。個と個が見えてこそ、つながりは生まれるのだ。そして、思いを寄せ、喜びや悲しみを分かち合える「拡張家族」のような関係に発展していくこともある。これぞまさに「関係人口」の本質なのだ。

都市と地方を行き来し、「遊動」せよ

巨大地震、気候危機が鎌首《かまくび》をもたげる日本では、誰もが難民化するリスクから逃れられない。思い切って言えば、有事に難民化するリスクを避けるには、平時から流民化しておくことが必要ではないだろうか。日ごろから都市と地方を行き来しながら、同時並行で生きる、つまり「複線的人生」を送ることだ。今は難易度が高そうに思えるかもしれないが、テレワークや週休三日制が一般的になれば、絵空事ではなくなる。たとえば、平日は東京の会社で働き、休日や長期休暇は地方の拠点に移動し、森林保全活動に参加したり、耕作放棄地を開墾したりする。多くの都市住民が定期的に農山漁村を訪れる遊動生活をしたら、都市と地方は混然一体となり、過密も過疎も融解に向かう。

たとえ人口が減っても、各年代で能動的かつ主体的に地方に関わる人を増やせばいい。人

口を量的に捉えるのではなく、質的変換すれば、社会は今より活力を増すことだってありえるはずだ。そして、拡大一辺倒の人間中心主義の外側にある循環する自然の世界に身を置き、自然に触れることもできる。そして、人間の思い通りにならない自然への畏敬の念を育んでいくことにもつながる。

今やインターネット上で、「アバター」のように複数の自分を持つことは当たり前である。固定した組織や土地に縛られずに、複数の働き方と暮らし方を実践する遊動生活は、家族や地域社会といった共同体が液状化してしまった現代と相性がよい。さらに自然災害多発時代にあっては合理的な生存戦略にもなる。都市で被災したときにはもうひとつの地方の拠点が避難先となり、あたかも生物多様性が有するような回復機能を発揮するだろう。地球環境というネットワークの結節点に位置している生物は、結び目が多いほど、結び方が複雑なほど、強靭かつ柔軟で可変的な回復力を持つことができる。都市と地方の人間が無数の関わりで結ばれていれば、災害時に生物多様性と同じような回復力を発動できるはずだ――。

＊

そんなことをひたすら考えながら、僕は復興を遂げた被災地を歩いていた。

岩手県沿岸北部の青森県境（洋野町《ひろのちょう》）から岩手県沿岸南部の宮城県境（陸前高田市）まで、国道四五号線を中心に、所々リアスの海沿いに点在する漁村に寄り道しながら、連日、野外放送で注意喚起される熊の出没情報に慄《おのの》きながら。最後の四日間は、腫《は》れ上がった足を引きずり、痛み止めを飲みながら。

何のスケジュールもない行き当たりばったりの道中、農家がおにぎりを握って持ってきてくれたり、見知らぬ漁師のお嫁さんが思いに共感して一緒に歩いてくれたり、民泊させてもらった家に突然フレンチの有名シェフが料理を振舞いに来てくれたり、重い荷物を次の目的地まで運んでくれる人が現れたり、痛めた足をわざわざテーピングしに来てくれた漁師もいた。

人の温かみが身に染みた。

震災後九年間の話をいろいろな立場の方から聞かせてもらった。巨大防潮堤と三陸沿岸道路に挟まれた新たな街並みをじっくり眺めた。

そして、見えてきたこととは——。

リスクテイクすることの意味

東日本大震災の翌年、二〇一二年のことだったと思う。

津波で街が壊滅した岩手県大槌町の高校生たちが、未来のまちづくりについて議論する場に立ち会ったことがあった。そこで、ある女子高生がこんな発言をしていた。

「津波から逃れるために内陸部に引っ越すという町民がいるけれど、人口が多い都市だとたとえば交通事故などのリスクが大槌より高まるかもしれない。どこに暮らしてもリスクゼロのところなんかない。そのリスクとどう向き合うかが大事だと思う」

子どもならではの本質を突いた発言だなとドキリとしたことを今でも覚えている。被災地をあちこち飛び回ったけれど、そんなことを指摘する大人は皆無だった。

そうなのだ。彼女が言う通り、僕たちはどこに暮らしていようとも、常にさまざまなリスクにさらされている。大雨による浸水のようにある程度予見できるリスクもあれば、無差別殺人のようにほとんど予見できないリスクもある。仮に、まったくリスクのない世界があったとして、そこで生きる人間はどうなるだろうか。いわゆる「ゼロリスク社会」では、すべては予見され、管理され、いつも想定内のことしか起きず、進歩や成長がない。そんな世界で、人間は生きる意味を見出すことができるのだろうか。

そもそも、僕たち人間にとって、生きることそのものがリスクと言えないだろうか。

僕たちは誰ひとり死から逃れることができない。すべての人にいつか必ず等しく死が訪れる。そしてその死がいつやってくるのかは誰にもわからないのだ。だから、生きていること自体が常にリスクと隣り合わせなのである。しかし、それをリスクと考えて生きている人がどれだけいるだろう。僕たちはこの不都合なリスクから目を背けて生きている。そしてリスクなんてないと勘違いして、漫然と生きながらえている。

つまり、自分のただ一度きりの人生を生きそびれているのだ。

死というリスクと向き合えば、漫然と生きながらえている暇などなくなるだろう。無事に朝を迎えられたことに日々感謝して生きることができたら、見える景色はがらりと変わるはずだ。

消費財と化した人間関係の果て

人間関係も同じだ。愛する人に巡り合い、誓い合い、共に歩んでいく。また、信頼できる友に出会い、杯を交わし語り合う。でも、人間の心は生きものと同じで、変化する以上、リスクとは無縁ではいられない。いつか自分が心変わりし、相手を傷つけてしまうこともあるし、逆に相手から自分が傷つけられることだってある。近年、そのリスクを恐れて、誰とも深い関係を築けない人たちが増えていると、ポーランド出身の社会学者ジグムント・バウマンは『幸福論』で指摘する。

近しくて大切な存在が将来、煩わしい重荷になるかもしれないというディレンマに対し、バウマンは「だから、かかわりを持つことはある種のリスクである」とし、ゆえに、幸福を求めてやまない僕たちにとって、今や人間関係すらモノ同様に刹那的消費の対象となっていると指摘している。仕事、趣味、家族などのパートナーは互いに年齢を重ねていくと価値観も変化していく。そしてそのとき、今一緒にいるパートナーよりもっと合う人に出会う確率は、マッチングアプリの登場などによって、飛躍的に高まっている。しかし、実際にはそうした刹那的消費によって、幸福は僕たちの手から遠ざかっていくのが現代の流動化社会の実像であり、この流れは不可逆的に進行していると、悲観的に未来を見ている。

たしかに、ゼロリスクの関係で、傷つくことや傷つけられることから逃れられることもできるし、未来を支配しようとする意思がその過去によってその自由が奪われるリスクも回避できる。

しかし、僕たち人間は単なる使い捨ての消費財だろうか。もっと似合うもの、もっと似合う人を探し続ける人生は、際限がないんじゃないだろうか。それでたとえ刹那的な快楽を埋めることができたとしても、決して満たされることはない。苦楽を共に積み重ねることによって培われる愛や友情の素晴らしさに一生触れることがない、空虚な人生を送ることになってしまうのではないだろうか。共に長い年月を過ごすことで心に深く刻み込まれた人間の持つ〝すがたかたち〟の鮮明な印象は、相手の死後も脈々と自らの心に波打ち、消えることがなければ、死んでなお、自分の中で生き続けることになる。それこそが刹那的消費では決してたどり着くことができない「人間生命」ではなかっただろうか。

一定のリスクを引き受ける自覚を持つことで、愛に溢れる幸福な人生を感謝して享受することが、人生を豊かに耕す。リスクを受容しながらも、人間として互いに成長し、愛情や友情などの人間関係を育むこと自体が人間が生きることの意味だと、僕は思う。

巨大防潮堤と盛り土で遅れた復興

ゼロリスク思考は、被災地のまちづくりにも如実に表れていた。その象徴が、海と陸を隔てる巨大なコンクリートの壁、巨大防潮堤だ。津波が集落を飲み込み、地区内の約二九〇世帯のうち、流失を免《まぬが》れたのはわずか五〇世帯という釜石市両石《りょういし》地区。震災後九年間の苦悩の歩みを若手漁師のリーダーから浜の番屋（休憩所）で聞かせてもらった。この地区は震災前より高い一四・五メートルの防潮堤をつくり、すり鉢状の地形を埋める形で一八メートルの盛り土をし、居住地域をつくる復興計画を立てた。総事業費四〇億円。ようやく新築の家が並び、仮設住宅から出ることができたのはなんと震災から八年後。当初の計画が何度も延期された末の完成だった。結果、戻ってきた地域住民は全体の三分の一程度にとどまった。なぜか。多くは、痺《しび》れを切らして、他の土地に家を建ててしまったからだ。

若手漁師は、「今となっては、何十億という巨額の資金を費やして防潮堤と盛り土をする必要があったのか疑問も残る」と複雑な心境を吐露してくれた。

震災前と同じ高さの防潮堤のまま、盛り土もせず、津波が来たら流されることも前提とした住宅を建設する費用を負担してもらい、後は避難路を整備する。これであれば格段に安く済んだし、何より八年という貴重な時間を費やすこともなかっただろう。

「非日常」と「日常」のせめぎ合い

百年に一度あるかどうかの大津波という「非日常」と、残り九九年と三六四日の暮らしという「日常」にどう折り合いをつけるのか。

この「非日常」を入口にしてしまった結果、「日常」を取り戻すのに莫大《ばくだい》な時間がかかってしまっただけでなく、日常そのものが失われた例は岩手県宮古市にもあった。新しく巨大防潮堤が建設された地区で暮らす七〇代の女性は、

「海がまったく見えなくなってしまった。自然は一度たりとも同じことがない。毎日、表情を変える海の景色を見て暮らすのが好きだったのに、それができなくなってしまった。日常の楽しみがなくなってしまい、何のための防潮堤かと虚《むな》しく思う」

と語ってくれた。

どこまで「非日常」のリスクを受容し、一方でこれまでの「日常」の暮らしを守り、維持す

るのか。議論すれば、地域によって出てくる結論は千差万別である。それこそが文化なのだ。たとえば、漁師がたくさん住み、観光が盛んで旅館の多い地域の場合、海と暮らしや生業は切り離すことができない。リスクが大きくなっても防潮堤は低いまま、避難路を整備し、住民同士の相互扶助を高めるという選択肢だってある。横並びで、金太郎飴のように「ゼロリスク地域」を目指す復興を目《ま》の当たりにし、改めてこれからのリスク受容について考えざるを得なかった。

ちなみに、僕が東日本大震災後の岩手県知事選挙に立候補した理由は、この巨大防潮堤を前提とする復興計画への疑問からであった。知事選の前に朝日新聞が募集していた「私の復興私案」に書いた内容の一部を抜粋してみよう。

科学技術の進歩によって、人間は自然をコントロールし、支配できると錯覚してきた。人間中心の西洋近代文明とはそういうものであった。その対極にあるのが、この東北地方に地下水脈のように流れる「縄文文化」の世界観ではないだろうか。かつての狩猟採集の時代、人間と自然（動植物）を隔てる境界線はなかった。人間こそが「万物の霊長」であるという理念の台頭――つまり、近代文明の発生と同時に「自然」は征服すべき対象と考えられるようになった。

「海からの恵みをもらって生かされてきた。その海にぜんぶもっていかれたんだから仕方がない」。今回の津波被害に際し、ある若い漁師が発した言葉である。これは、岩手県が生んだ詩人、宮沢賢治が童話の中で表現した「共生・共死」の感覚に近い。賢治の作品「なめとこ山の熊」は、熊撃ち名人の猟師が最後は熊の前にわが身を投げ出して、熊に殺されるという物語である。「食うものは食われる」「殺すものは殺される」――そこに流れる通低音は「共生・共死」の思想である。人間も動物も互いに恩恵もリスクも受け合う対等の関係であり、その自然の摂理から逃れることはできない。だからこそ、自然を敬い、ときに自然に対して頭を垂れるという勇気ある謙譲の精神が必要となる。人類が地球とともに末永く生きていく長寿命型文明の〝種〟がここにある。

「共生・共死」の思想を土台とする新たな街づくりは、自然と戦わないで共に生きる街づくりである。津波を弱めつつ逃げる、そしてせめて命だけは助かることを主眼に置いた街づくりが基本となる。具体的には、堤防は、常時訪れる台風に備えた3メートル程度のものとし、海辺から陸域にかけては海浜植物を、そのさらに陸側には、自然の森を、幅数百メートルの規模で海岸線沿いに「自然の盾」として整備することで津波の脅威を軽減する。漁業の作業場や倉庫は鉄筋コンクリートで海側につくり、住宅はできるだけ山側につくる。市街地には、十分な避難路となる碁盤目状の広い道路を山に向かって整備し、交差点の角を切って見通しをよくする。地震による停電に備え、街路灯や津波警報サイレンに太陽光電池を完備させる。また、後で詳しく述べるが、人と人とのつながりを強化することで、みんなで助け合って避難できる体制をつくる。

津波を迎え撃つのではなく、むしろ津波がくることを前提にしっかりと逃げ切れる街を設計する。そして、「共生・共死」の思想を土台にした街づくりによって、自然を恐れ敬う畏敬の心を育み、人間から慢心を取り去る。こういう街づくりであれば、巨額の財政負担も強いられず、何より津波で人命が犠牲になるというリスクを最小化できる。

東日本大震災の被災地のほとんどは、迎え撃つ街づくりになってしまったのは残念だが、これから大きな津波被害が予測されている高知県に、「にげる」を合言葉に防災対策を行っている町がある。高知県の西南部に位置する黒潮町だ。２０１２年に内閣府中央防災会議が公表した南海トラフ巨大地震被害想定では、国内最大級の津波高34メートルが最短２分で到達すると想定されているのだ。黒潮町には巨大防潮堤はないが、この先もつくらないと決めたというから驚く。

99・999％の日常の恵みをいただきながら、0・001％の非日常の災いに備える、が基本的な防災の考え方になっている。自然と暮らしを分断するのではなく、いざというときに命を守ることに備えながら、自然と暮らすことを諦めない方法が「にげる」なのである。黒潮町では、巨大防潮堤で津波を「防ぐ」ではなく、町民の「にげる」意識を高めるため、町内では官民が一体となって、年間50回の避難訓練を実施している。避難放棄者ゼロ・犠牲者ゼロを目指しながら、町の誇りでもある美しい海岸線も残していこうとしているのだ。

自然の持つ二面性と共存する

近代に入り、日本人はいつの間にかリスク受容の議論が苦手になってしまった。しかし、もはや避けて通ることはできない時代なのだ。どういうことか。今回、僕が歩き始めたタイミングで、九州・熊本の球磨《くま》川が氾濫し、人吉《ひとよし》市と球磨村などが甚大な水害に見舞われた。数十年に一度の豪雨が、この七年で一六回起きている。これまでの前提や想定が崩れているのだ。おそらく今後、さらに増えることだろう。それでもなお、すべてを人間の思い通りにしようという「人間中心主義」に基づいて、より強固な防潮堤やダムを全国各地に造っていくのだろうか。たしかにこれまでは治水技術と、それを可能にする経済の力によって豪雨被害を減らすことができた。「人間中心主義」の成功体験と言ってもいいだろう。しかし、異常気象にともなう災害の甚大化と頻発化は、これまでの成功体験からの脱却を否応なしに突きつけてくる。自然の持つ両面性という矛盾を受容しない限り、問題を解決する糸口は見出せないということだ。

僕は、海には二つの顔があると先に書いた。同じことは川にも言える。水源となり生活用水という恵みを与えてくれる「ありがたい川」の顔。もうひとつは、氾濫や土砂災害などによって甚大な爪痕を残す「ありがたくない川」の顔。

表面的なリスクの解消を目指した結果、「ありがたくない川」はある程度制御できるようになった一方で、「ありがたい川」の生態系は破壊されてしまった。豊富な魚類は消え、親水や治水を通した川と住民の暮らしの結びつきも弱まり、地域社会は衰退してきたのではなかっただろうか。そう問題提起するのが、河川工学者の大熊孝氏である。大熊氏の著書には、新潟県の岩塚小学校のある一節が紹介されている。

青田をうるおす川瀬の水も
時にはあふれて里人たちの
たわまぬ力を鍛えてくれる
われらも進んで仕事にあたる
心と体を作ろう共に

川が溢れて困るから、早く整備してください。ではなく、川は溢れて地域の人々の力を鍛えてくれる。そう歌っている。

大熊氏は、その「鍛えられるもの」には、地域の知恵や技術、相互扶助もあるだろうし、何よりも、自分たちの手で川を治め、自分たちがこの自然と人間の里の主人公であり続けることの楽しさを「鍛えてくれる」のではなかったか、と指摘していた。

リスクを解消したつもりになるのではなく、自然の持つ二面性と共存しうる力を——と。

ハードの整備と行政に依存する従来の防災は観客民主主義の最たるものだ。これからは住民も当事者としてその役割を担う必要がある。そのための大前提になるのが、自然の持つ二面性を受容する姿勢ではないかと僕は思う。

生きることも、愛することも、まちをつくることも、リスクを一定程度引き受けることで得られる恩恵を、感謝しながら享受することが大切ではないだろうか。

その感謝を忘れない心の構えが、結果的に、リスクを最小化する。

しかし、感謝を忘れた途端にリスクは水面下で肥大化してしまうし、リスクをゼロに制御しようとすると、今を生きそびれてしまい、虚無感にさいなまれることになる。リスクをゼロにするのではなくリスクと向き合うことで、僕たちは自分が人生の主人公であり続けることの楽しさと、自分たちが自然と人間の里の主人公であり続けることの楽しさを取り戻すことができるのではないか。ゼロリスクを求め一〇年で三二兆円（被災者一人あたり七〇〇〇万円）かけて復興を遂げた東北の三陸地方は、日本で最も若い世代の流出が多い地域になってしまっている。それはなぜなのか、重い問いだ。

僕は、合計三〇二キロメートルを四六万歩で歩き切った。

目を凝らし、耳を澄まし、体で感じ、頭で考えた十日間だった。

さまざまなチャレンジ

この岩手県沿岸縦断三〇〇キロメートル踏破を皮切りに、全国四七都道府県を車座座談会をしながら行脚する「REIWA47CARAVAN」をスタートし、一〇カ月かけて完了した。その後、宮城福島沿岸縦断五〇〇キロメートルを三週間かけて踏破。これで岩手、宮城、福島の三県で八〇〇キロメートルを歩いたことになる。この宮城福島沿岸縦断がきっかけとなって、JALとの協業「青空留学」が始まることとなる。終盤、福島県南相馬市から合流し、茨城県境の勿来関《なこそのせき》まで一緒に歩いてくれたのが、JAL社員の松崎志朗くんたちだった。彼は地方が衰退することによって都市と地方の間の人流が減少していくことを危惧していた。地方が衰退すれば、航空会社も運ぶ人がいなくなってしまう。彼は僕が提唱してきた関係人口の拡大に強く共感してくれてもいた。そこで生まれたのが、コロナ禍、都会の大学生を地方の生産現場に送り込み、現場のリアルを体感してもらう「青空留学」だ。

一次産業の豊富な情報やネットワークを有するポケットマルシェと、国内を結ぶ航空ネットワークを有し地域創生に取り組んできたJALがタッグを組み、二〇二一年から始まった企画である。舞台は、秋田県にかほ市の底引き網漁、山口県山陽小野田市《さんようおのだ》のワタリガニ漁と底引き網漁、熊本県阿蘇郡高森町のヤマメの養殖。学生たちは生産者が直面する課題解決に挑んだ。地方の課題は、都市部の人間が関わることによって関係人口の入口になるのだ。すでに述べたように、災害にみまわれた被災地では課題が一気に顕在化し、その課題解決の過程において関係人口が生まれやすい。それを平時で再現させることを狙った企画だった。その後、ＪＡＬは二〇二三年、中期経営計画の中に「関係人口の創出・拡大」を打ち出した。そして、雨風太陽と包括業務提携を結び、連携を強めていくこととなった。

また、寄附者と生産者が直接つながれる「ポケマルふるさと納税」もスタートした。生産者と顔が見える関係でつながった寄附者には共感が生まれ、その「意思」は強まり、多様性に満ちた日本を支える関係人口へと昇華していくことだろう。「ポケマルふるさと納税」は、自治体が関わりながらも、返礼品の管理や寄附者とのやりとりを生産者が行う。生産者自らが返礼品の出品や発送管理を行うため、充実した情報で返礼品の魅力が寄附者に伝わり、また、申し込みから返礼品発送までの所要日数を短縮できる。

さらに、生産者が在庫管理を行うことで、旬が短く生産量の少ない食材や、鮮魚など供給が不安定な食材も出品しやすくなり、返礼品のラインナップが広がる。高級食材の生産者に偏っていたふるさと納税の門戸を開放したのだ。

寄附者と生産者（地域）が関係人口として継続的につながるきっかけを作ることで、「返礼品合戦」がメインのふるさと納税から脱却し、中長期的に地域の活性化に寄与することを目指したものだった。

二〇二三年一月には、丸井グループが発行するクレジットカード「エポスカード」のポケマル版として、ポケマルエポスカードを始めた。このカードを使ってポケマルで買い物をすると、一パーセントが支援金としてプールされ、自然災害発生時に生産者支援として活用される。自然災害だけではなく、福島第一原発の処理水放出にともなう風評被害、あるいは中国の禁輸措置にともなう被害対策にも活用されている。丸井グループ社長の青井浩さんは僕とイベントで対談した際、関係人口について、

「僕たちは元々自然の一部です。人間だけが偉いわけじゃないし、地球を支配しているわけじゃない。人間至上主義や人間中心主義から脱却して、自然と『共生』していくことが大切です。高橋さんが取り組まれている『顔が見える関係性』をつくっていくことで、意識や行動が変わる」

と話してくれた。

都市と地方をかきまぜる会社に生まれ変わる

世の中がコロナ禍に慣れつつあった二〇二二年四月、「ポケットマルシェ」は「雨風太陽」に社名を変更した。当時、全国六七〇〇人の生産者を起点に、生産者のもとで農漁業や自然、地域に触れる「親子向け地方留学事業」を新たに開始し、「産直Eコマースの会社」から「都市と地方をかきまぜる会社」に生まれ変わることにした。

僕は元々、食の流通をやりたかったわけではない。都市と地方をかきまぜるひとつの有効な手段、いわば関係人口を生み出す装置として食があり、流通があった。コロナ禍の巣ごもり需要に乗っかる形でポケットマルシェは一気に拡大したのだが、僕はコロナ後のことを見据えていた。

巣ごもりの反動として、都市の消費者が地方の生産者を訪ねる需要が喚起されるはずだ——。

また、僕が対外的に発信している「都市と地方をかきまぜる」というコンセプトと、ポケットマルシェという事業の間にギャップも生じていた。僕にとってはそのギャップはストレスでもあった。であれば、いっそ社名を変更してリブランディングし、コロナ後の準備を始めようということになったのだ。

これからは堂々と外に向かって自分の考えや思い、ビジョンを自信を持って発信できるようになると、少し晴れ晴れした気分になった。

「都市と地方をかきまぜる」というコンセプトの新しさは、都市のいいところと地方のいいところをフラットに見て再配列し、互いの課題を解決しながら、これまでにない価値を一緒に生み出すところにあると自認していた。

これを日本中で全面展開し、日本で一番「関係人口」を生み出す会社を目指していこうと思った。

あらゆる場所に自然の恵みをもたらす雨や風、太陽のように、僕たちは都市と地方をかきまぜることで、日本中あらゆる場の可能性を花開かせる存在になりたい。新しい社名には、そんな思いを込めた。花巻出身の詩人、宮沢賢治『雨ニモマケズ』の冒頭部分からインスピレーションをもらったのは言うまでもない。

そして、前述の通り二〇二三年末に上場を果たし迎えた二〇二四年。

僕は、能登半島に飛び込むこととなるのだ。

第二章

能登半島地震の被災地に飛び込む

被災地＝世界の課題先進地域

いち早く近代化を成し遂げた日本は、高齢化、需要不足、環境の制約など、世界の課題を先取りしている「課題先進国」だ。そして、東北は東日本大震災でさらに過疎高齢化が進み、日本の課題を先取りすることとなり、日本の課題先進地域に押し出された。

つまり、東北の被災地は図《はか》らずも「世界の課題先進地域」となったということだ。

であるなら、この被災地から生み出された課題解決策が日本に、アジアに、そして世界に広がっていくはずだ。そう考え、「都市と地方をかきまぜる」をコンセプトに事業を始めた。

東日本大震災がなければ、ポケットマルシェというアプリも、関係人口という言葉も、雨風太陽という会社もこの世に存在しなかった。

そして本章からレポートしていくが、僕が能登半島に飛び込むこともなかっただろう——。

東日本大震災によって産み落とされた雨風太陽が、一三年前の東北以上に過疎高齢化が著しく進んでいた能登の支援、復旧、復興に関わるのはとても自然なことだったと思う。

僕たちには関係人口というソリューションがある。

都市と地方の人々が日常的に頻繁に往来する「人口流動社会」を実現する復興こそが、能登が息を吹き返す道であり、その道を切り拓いた先に、人口減少社会の日本のグランドデザインが図らずも浮かび上がるはずだ。

能登半島地震

上場を果たした二〇二三年が暮れ、二〇二四年元日。

石川県能登半島で最大震度七を観測する地震が発生した。二日、三日と箱根駅伝を観戦しながらも被災地の状況が気になって仕方なかった僕は、四日には石川県に飛んでいった。パブロフの犬ではないが、ほとんど条件反射である。能登半島との縁は八年ほど前の全国キャラバンで車座座談会を開催したことがあったくらいだが、ポケットマルシェに登録している農家や漁師はそれなりにいる地域だった。かつて『加賀能登食べる通信』を発刊していた金沢の映像制作会社の仲間に連絡したところ、その会社が入っている古民家の一階にあるワークスペースを寝泊まりに使っていいとのことで、そこに転がり込み、アジトにさせてもらった。僕はひとまず情報収集に努めた。

知人の朝日新聞記者が自家用車で金沢にやってきたので、便乗させてもらい、一月六日早朝三時に被害が大きい輪島市に向かった。高速道路「のと里山海道」はあちこちで寸断され、能登に向かう下道はわずか一本、至る所で道路が深くひび割れ、陥没していた。

集落では、倒壊した瓦屋根の民家が無惨な姿をさらしていた。水や電気などのライフラインも絶たれ、避難生活の長期化は必至だと思われた。ポケマルに登録している輪島市の漁師に連絡をしたところ、家族で輪島小学校に設置された避難所にいることがわかり、支援物資としてガソリンを手渡しに行った。

東日本大震災の被災地、岩手県大槌町からは、恩返しにとキッチンカーで仲間が駆けつけてくれた。仲間とともに輪島市町野町の孤立集落を中心に避難所に寝泊まりさせてもらいながら、炊き出し支援を行った。町野には小学校や集会所など、そのとき二〇の避難所が設置され、一五〇〇名を超える被災者の方々が避難生活を送っていた。二〇〇名前後の大きな避難所が三つ、その他は十数人規模の小さな避難所が沿岸部と山間部に点在していた。車中泊されている方も七〇人以上いた。避難所の生活は東日本大震災同様、劣悪だった。体育館に雑魚寝《ざこね》する光景は百年前の関東大震災の記録写真から変わっていないのだ。

炊き出し支援プロジェクト

町野は道路の崩壊や寸断の影響もあり、最も行きづらい地域の一つだった。メディアもひとつも入ってきていないと区長さんがこぼしていた。そのため支援の手が十分に行き届いておらず、「よくここを見つけてきてくれた」と言われたほどだった。冷え込みが厳しく、避難所の体育館の床は冷たかった。燃料を節約するためにストーブの火も控えめで、寝袋に毛布を何枚重ねても寒くて眠れないという人が多かった。僕も夜中に何度も目を覚ました。ボランティアがおらず、自分たちで食事の炊き出し、避難所の運営をしなければならないため、誰もが疲弊していた。非常食の硬いパンを口に入れ、インスタントの味噌汁で流し込んで腹を膨らませている人、五日連続でカップ麺を食べている人など、食事の状況もよくなかった。単調な避難所での暮らしは、食べることが唯一の楽しみだ。

全国の生産者の旬の食材で少しでも元気になってもらえればという思いで、雨風太陽として、「ポケマル炊き出し支援プロジェクト」を速やかに立ち上げた。東日本大震災のとき、岩手県議会議員だった僕は岩手県大槌町を中心に、被災者の声を聞きながら、支援物資の搬送などのボランティア活動に関わった。あの震災を機に立ち上げたのが『東北食べる通信』であり、ポケットマルシェであり、雨風太陽に繋がるのだ。僕たちは全国に広がる生産者ネットワークを生かして、避難所での炊き出し支援を全面的にバックアップしていくことにした。

食材支援を呼びかけるとわずか数日で三〇〇名を超える全国の生産者たちから支援の申し出があった。

炊き出し支援を続けながら、被災地で足りない物資支援も並行していった。炊き出し支援プロジェクトを考えてはくれたが、弊社雨風太陽の事業内容に「被災地支援」は入っていない。「炊き出し支援のニーズがなくなったら、能登にはもういられなくなるよ」と、取締役の大塚から釘を刺されていた。

僕はなんとしても能登にとどまりたかった。被災地支援がそのまま会社の事業になるようなネタを探しつつ、風当たりが強くならないよう会社の経費を使わないことに努めた。宿泊場所は金沢の知り合いの古民家や能登の避難所に世話になり、車は知り合いの農家から二トントラックと軽トラを借り、人手は東北の仲間たちにボランティアを呼びかけた。

運送会社も能登までの配送はストップしていたので、金沢市の神社や七尾市の公共施設に向かい全国から届けられた物資を二トントラックに積んで、毎日、能登まで往復していた。渋滞にはまらないように朝三時には出発し、行きは四時間ほど、帰りは六時間かけて帰ってきた。ニーズがあるもの、依頼が舞い込んできたものは一切断らず、なんでも応え続けた。女性用の下着が足りないという連絡があれば、サイズや部位ごとに分けたダンボール七十箱を積み上げて運んだこともあった。とにかく、飛んで来た球はぜんぶ振っていた。知り合いのいない能登で人を覚え、信頼を獲得し、ネットワークをじわじわ広げていった。これらは被災地で活動していく上での前提条件、ソーシャルアセット（社会的資産）となるのだ。

炊き出し支援プロジェクトに、思わぬ援軍が現れたのはうれしかった。ポケットマルシェに登録している生産者から自発的に炊き出し依頼の申し出があったのだ。一月一九日には、三重県南伊勢町で真鯛を養殖している橋本純さんが四トントラックに水を満載して、能登まで駆けつけてくれた。雪をかぶった能登は息を呑む美しさだが、避難所暮らしを余儀なくされている被災者には堪える寒さだ。そんな中、輪島市門前町黒島地区の避難所で鯛めしを振舞うことができた。千葉県銚子市のキャベツ農家の坂尾英彦さんも家族でワゴン車に食材を積み込み、能登まで来てくれた。このときは、穴水町《あなみずまち》甲地区の避難所で、キャベツのつみれ汁が振舞われた。

「ポケマル炊き出し支援プロジェクト」は、五月末でいったん終了とした。被災者の仮設住宅への入居が始まり、地元スーパーなども再開し、生活の基盤が整い始めたことを受けての判断であった。最終実績は、炊き出しの回数が四二回、炊き出し実施団体が一七団体、ご協力いただいた生産者は三八都道府県の一二五名、ご提供いただいた品目数は七一品目、提供食材の総重量は三九〇一キログラム、炊き出しを提供した人数は九二八〇名となった。この他にも、輪島市重蔵神社で週に二回継続して行われている食料及び食材配給支援にも、食材を提供させてもらった。

檄文

一月下旬から、僕は石川県庁の復旧復興に関わる幹部の方々を車に乗せ、能登を毎週末アテンドするようになっていた。発災直後、自衛隊の幹部が「最も起きてほしくないところで起こってしまった」というほどに、能登半島は地理的に閉鎖されやすく、支援が難しい場所だった。前述したように、金沢から能登に向かう下道は一本だけで、当初、救急車両や緊急車両、自衛隊車両を優先させる必要性から、石川県の馳浩知事が「ボランティアは控えてほしい」というメッセージを発信していた。当時の状況を考えれば、妥当な発信だっただろう。しかし、被災地に関心が集まりボランティア意識が高まる発災直後の三カ月間を、図らずもこのメッセージによって取りこぼしてしまうことになってしまった。

能登のことは心配だが、迷惑になるから今は行かない方がよいのかな。そんなためらいは県幹部にもあったように思う。とはいえ、これからの復旧復興を見据えたとき、県庁舎にこもっているだけではどうしようもないだろう。僕は現場を見てもらった方がいいと思い、お節介を焼いて、現場を連れ回った。すでに炊き出しや物資支援を通じて、各地域のキーパーソンとの人間関係もできあがっていたので、ポイントを絞った意義ある視察をアテンドできた。県庁のある金沢から能登まで往復の移動時間も、意見交換する貴重な場になった。

僕は一月末には、「能登の復興の基本的な考え方」という八千字に及ぶ檄文を書き上げていた。能登の被災地を歩き、被災者の声を聞き、自分の頭で考え、心で感じたことを言語化したものだ。この檄文を県幹部をはじめ、県の復興に関わる部課長、県議会議員、県知事、そして復興のキーパーソンとなりそうな被災者の方々に一人ひとり共有し、伝えていった。檄文の一部を抜粋してみよう。

高齢化率四九％の能登を襲った地震災害によって、若い世代の流出が加速し、過疎高齢化は一層進んでしまった。現実的に考えて、もはや能登単独の復興は難しいと言わざるを得ない。能登との結びつきが強い地方都市の金沢と、さらには東京や大阪といった大都市と接続した復興を考えるべきではないだろうか。折しも今国会には、二地域居住を推進するための関連法改正案が提出され、閣議決定された。その先進地を目指すのだ。都市と地方の人々が日常的に頻繁に往来する「人口流動社会」を実現する復興こそが、能登が息を吹き返す道であり、その道を切り拓いた先に、人口減社会の日本の新たなグランドデザインが図らずも浮かび上がる。今回の能登復興は能登の問題に留まらず、全国各地の過疎地振興と地続きなのだ。

さらには二地域居住を含む関係人口を能登の復旧復興の力にしていくこと、その上で大きなポイントになるのが能登空港の活用であることを指摘し、檄文とは別に復旧復興促進のための「仮設宿泊施設設置計画」も書き上げた。金沢と能登の間の大渋滞する道を往復しながら、重機やボランティアがなかなか増えない〝静まり返った被災地〟にもどかしさを感じていた。

当時、こんなことがあった。僕の知人の岩手県の水道業者が能登までやってきて、病院の配管修復を担当していた。だが、能登の宿泊施設の大半は倒壊してしまっていて使えない。結局知人は、富山県氷見《ひみ》市の民宿から片道五時間かけて通っていたのだ。

他の業者も同様で、金沢や富山県のビジネスホテルから片道四～五時間かけて通っている状況だった。建設業にも働き方改革の波が押し寄せており、移動時間は労働時間に含まれる。そのため、現地での作業時間が十分に確保できないでいた。

この状況を打開し、少しでも復旧復興のスピードを上げていくためには、能登半島に外部からの支援員や作業員が寝泊まりできる場所が不可欠だと考えたのだ。

そこで、この仮設宿泊施設設置計画である。グーグルマップを見ると、平地の少ない能登半島で唯一それなりの広さを確保できそうな場所があった。

能登空港である。

ここしかないと思った。できるだけ早く千人規模の大規模な仮設宿泊施設施設を作るべきだというのが計画書の中身だった。被災地へのアクセスも極めてよい。仮設宿泊施設内に、被災した飲食事業者が再生の一歩を踏み出せる仮設飲食店街をつくればなおいい。作業員も、地元の飲食店の料理を食べて英気を養うことができる。また、飲食事業者と外部からの支援員や作業員の方々が交わることで、関係人口を創出することにもつながる。さらに、施設内にコワーキングスペースを併設すれば、能登の中の人と外の人が復興に向けて議論を交わし、ビジョンを練り上げていくこともできる――。

まさにここが、関係人口が創出されていく拠点になるのではないか。そう考えたのだった。

小泉進次郎と坂井学

能登空港は県有地であり、仮設宿泊施設設置の使途など想定していないことは重々承知しているが、それはあくまで平時の話。今は有事である。そんな悠長なことは言っていられないはずだと思っていた矢先、援軍がやってきた。自民党衆議院議員の小泉進次郎さんだ。被災地の視察などまだ自粛すべきというムードの中、どうしても現地入りしたいと小泉さんは知人の官僚を通じて僕に打診してきた。

二月五日、金沢駅で合流。能登までの車中、僕は運転しながら助手席の小泉さんとずっと能登の被災地の状況や課題について語り合った。小泉さんを真っ先に連れて行ったのは、能登空港である。復旧復興促進のための仮設宿泊施設設置の必要性を小泉さんに理解してもらい、その上で空港の所長に案内してもらった。空港事務所の見晴らしのいい最上階から空港全体を眺めた。広大な敷地があることは誰の目にも明らかだった。丸一日の弾丸視察を終えて東京に戻った小泉さんはその後、しかるべき立場の方々に、能登空港仮設宿泊施設計画の必要性について説いてくれた。

もうひとり、援軍が来てくれた。自民党衆議院議員の坂井学さんだ。災害対策特別委員会の与党筆頭理事を務めていた坂井さんとは個人的に二十年来の付き合いで、とても信頼できる人だった。骨の髄まで現地現場主義の坂井さんは一泊二日でじっくり視察したいということだったので、被災した集落の小さな集会所に僕らと一緒に雑魚寝してもらうことにした。おそらく国会議員の中で集会所に泊まったのは坂井さんくらいではないだろうか。坂井さんにも能登空港を見てもらい、小泉さん同様、空港事務所の最上階から空港周辺の敷地を見てもらった。坂井さんにも東京に戻った後、国交省などに働きかけをしてもらった。

震災を輪島が変わるチャンスに

繰り返しトラックで物資を運んだ先のひとつが、輪島市河井町の商業施設の一角に設けられた炊き出し拠点だ。リーダーを務めていたのは、近所でフランス料理店「ラトリエ・ドゥ・ノト」を営む池端隼也さん。築百年の日本家屋を改修したお店は倒壊してしまったが、周辺の鮮魚店や飲食店を営んでいた若者たちに声をかけ、自然発生的に炊き出し拠点ができあがった。ホワイトボードには「〇〇避難所一三〇食」と受注数が並び、池端さんが陣頭指揮を執っていた。

池端さんは高校卒業と同時に輪島を飛び出し、大阪の辻調理師専門学校に学んだのち、フランスで五年間武者修業。帰国後、東京か大阪で店を開こうと考えていたが、久しぶりに帰省した輪島で故郷の持つポテンシャルに気づかされた。海の幸、山の幸、伝統的な暮らし、祭りなど、ここにはたくさんの宝がある。「輪島を世界一の食と観光の町にしたい」という思いが芽生え、地元で開業した。やがて店はミシュランの星も獲得し、世界中からお客さんがやってくる繁盛店になっていた。

僕が一月初旬に初めて会ったときから、池端さんはひとり未来を見据えていた。震災をきっかけに多くの人の目が能登に集まり、支援の手が差し伸べられる。震災を輪島が変わるチャンスにしなければいけない、と。

僕が岩手から来ていることを伝えると、池端さんは、

「東北はどんな復興をしたのか。うまくいったところ、そうじゃなかったところを俺たちに率直に教えてほしい。輪島はこれから復興が始まるから、絶対に参考になる」

と言い、意気投合した。東北の復興の事例を学ぶ勉強会をやろうという話になり、その場で開催日程も決めた。池端さんには会場の手配をお願いし、僕は最初に思いついた宮城県石巻市の青年に電話をかけ、勉強会のゲストをお願いし、半ば強引に了解をもらった。

その青年、宮城県石巻市雄勝町《おがつちょう》で被災した阿部晃成くんは当時二一歳だった。一家七人が住宅の二階ごと津波に流され、海上を一晩漂流し、助かった。ふるさとは跡形もなくなってしまった。総工費数百億円、十年以上かけてようやく復興を遂げた雄勝町は、新たに高台に造成された土地に新築の住居が建ち並んだが、震災前に四〇〇〇人いた人口は復興後、一〇〇〇人に激減した。高齢化率は四割から六割に上がり、町自体が限界集落化した。

なぜ、こんなことになってしまったのか。

復興に計画段階から関わっていた阿部くんは、大学でも研究テーマにし、ずっと考え続けてきた。もっとうまくやれたはずだと悔やんでもいた。そして、ここ輪島もその地理的特性から、雄勝と同じ道を歩むかもしれないと危惧していた。

この勉強会のタイトルは、「3・11の教訓から能登の復興を考える～新築の限界集落をつくらないために」とした。会場は、大きな被害を免れた輪島市三井町の「古民家レストラン茅葺庵《かやぶきあん》」。開催日時は一月二〇日一七時半から。元日の被災からまだ三週間足らずでこんな勉強会を開くなんて、という批判も想定しながらの開催だったが、会場には四〇名近くの被災者、支援者が駆けつけてくれた。またオンラインでも百名を超える方が参加し、テレビ局や新聞社も複数やってきた。

阿部くんの話の要点は、

・すべての被災者に仮設住宅を準備できず抽選となり、若者世代の多くが仙台や石巻へ流出してしまったこと

・流出してしまった若者世代に目を向けず、地元に残った高齢者中心の被災者で復興を考えてしまい、分断が生まれたこと

の二点である。この分断を避けるためには、まず地元に仕事のある若年世代を優先的に仮設住宅に入居させることが必要で、やむを得ず都市部へ広域避難してしまった被災者も巻き込んだ形での復興を考えることが大切だと阿部くんは力説した。復興の過程において人口減少は見越しつつ、関係人口を増やしていくと言い換えることもできるだろう。

勉強会終了後は、池端シェフが能登町の漁師からもらってきたという寒ブリ一尾をその場

でさばき、交流会が行われた。震災後こうして集まって語り合うのは初めてだと誰もが笑顔になっていた。継続して開いてほしいという声もあがり、以降、十回にわたって開催することになった。

僕たちは分水嶺にいる

東日本大震災の教訓には、光と影の両面がある。阿部くんが伝えてくれたのは影だったが、光を伝えてくれたのは三回目の勉強会にゲストスピーカーとしてオンライン参加してくれた岩手県釜石市の漁師、久保宣利さん親子だった。

久保さんは、釜石東部漁業協同組合青年部部長をしている。この日は、僕が寝泊まりしている金沢のアジトを会場にして、輪島市海士町《あままち》の漁師たちが三十人ほど参加してくれた。なぜ金沢にしたかというと、海士町の多くの漁師たちが金沢に広域避難していたからだ。海士町自治会長他、定置網組合、底引き網組合の代表も参加してくれた。

改めて言うまでもなく、能登の基幹産業は漁業だ。つまり、漁業の復興なくして、能登の復興はない。能登半島地震で壊滅的な被害を受けた漁業をどう立て直すのか。東日本大震災で漁業が壊滅した後、復興を遂げた三陸の漁師から話を聞くことで、参考にするのが狙いだ。

釜石市両石町は防潮堤を乗り越えた津波に飲み込まれ、二九〇世帯あった住宅のうち二四〇世帯が全壊。犠牲者は四六名にのぼった。今回のゲストスピーカーの久保宣利さんは当時三七歳だった。三艘の船、養殖施設に加え、前年に建てた新居まで流されてしまった。妻、そしてやんちゃ盛りのふたりの息子、生後一カ月の長女とともに、内陸部の花巻市で避難生活を送ることとなった。

仮設住宅が建って、地元に戻ってきたのが一年後、漁業を再開したのが三年後、自宅が完成して仮設を出たのが七年後――。そして一三年経った今、成人した長男の翼さん（震災当時小学一年生）とともに船に乗り、一緒に、ワカメ、コンブ、牡蠣の養殖と遊漁船を主体とする漁業を営んでいる。

絶望の底から這いあがる過程で、久保家を支えたのは、繰り返し手伝いにきてくれた大学生ボランティアの存在だったという。入れ替わり立ち替わりやってきた学生たちは、手伝いだけではなく翼くんの宿題の面倒まで見てくれることもあり、家族のような関係になっていった。久保家を中心に多くの関係人口が生まれていき、復興を遂げた今もなお、付き合いは続いている。毎年ワカメの収穫の時期になると、久保さんはそのメンバーたちにワカメのおすそ分けを発送する。そして、社会人になった彼らもまた、東京の仕事や生活に疲れると、里帰りするようにリフレッシュしにやってくるのだという。

久保さんから漁業再生、生活再建、漁村復興の道のりを聞き、自立心が旺盛で外からの支援に必要以上に頼ることに懐疑的だった海士町の漁師たちも、ボランティアを受け入れる意味、そして復興後の町の活性化に関係人口が大きな役割を果たす意味を理解したようだった。

東日本大震災から一三年目の二〇二四年三月一一日、朝日新聞朝刊で、同勉強会について紹介してもらった。

県が3月中にも復興プランの骨子案をまとめようとするなか、住民レベルの議論も始まった。

1月下旬、輪島市の古民家レストランには被災者約30人が集まっていた。

「漁業や林業に従事する友人は心が折れて、地域を出ていこうとしている。戻る気にさせるには、どうすればいいか」。農家の質問に答えたのは、宮城大特任助教の阿部晃成さん（35）だ。「ゆるくつながって途切れずに声をかけ続けること」

東日本大震災で自宅が被災した経験があり、復興政策を研究する。阿部さんらの交流会を主催したのは、産直サイトなどを運営する「雨風太陽」（岩手県花巻市）の高橋博之社長（49）だ。地震直後から能登で炊き出しなどをし、住民自らが将来のまちについて考えられるよう後押しする。復興した東北の被災地で若者の流出が止まらない現状に、住民たちが話し合いながら地域の将来像を描くことが大事と訴える。交流会に参加する能登の若手農家や商店主らが勉強会を始めてもいる。

ただ、13年前との違いを感じる。「大震災では過疎集落の復興に税金を投入すべきかという議論はあまりなかったが、今はあちこちで議論されている。過疎地復興の問題に向き合わざるを得ず、能登はその分水嶺《ぶんすいれい》だ」

能登に何を残すかを考えることは、日本の未来に何を残すのかを考えることに直結している。

能登に入って以来、ずっと感じてきたことだった。経済合理性を最優先に判断すれば、恐らく多くの集落も、暮らしや文化・伝統も切り捨てられるだろう。切り捨てられることが前例となれば、これから生まれるであろう被災地や、衰退する地方も同じ轍《てつ》を踏むことになる。その積み重ねが日本という国を形づくっていく。すべてがコスパやタイパで価値が決まる社会は息苦し過ぎる。分水嶺において選択を間違えないよう、日本人としてできることをやりたい。この日、改めて自分に言い聞かせた。

完全復興せず集約すればよいのか

土屋品子《しなこ》復興大臣が初めて能登入りし、被災地を視察した後の囲み取材で、記者団に「できる限り、住民と話をしながらの集約化はしていかないと」と発言した。

「集約化」とはどういうことか。

要は、震災によってさらに人口流出・減少が加速することを念頭に置いて、山奥にある小さな集落までくまなく復興を目指すのではなく、ポイントを絞ってまちづくりをしていこうという考え方だ。そうなると、山奥の集落の住民たちは、麓《ふもと》のもう少し大きな集落、街なかの集落に降りてきてもらわなければならなくなるのだが。

土屋復興大臣は、「人口も減っていくし、地方自治の財政面でも相当厳しいものがある。そういう（集約化の議論に）協力していただく姿勢を、首長さんも訴えていく必要があるのかなと思った」とも述べた。すぐさま「もしかしたら大都会的な発想かなあ」と敏感に反応したのが馳知事だった。財務大臣の諮問機関も「集約的なまちづくりを検討すべきだ」と提言していたが、これに対しても馳知事は「復興のプランを検討しているときに、最初から『上から目線』でものを言われているようで大変気分が悪い」と不快感を示した。

また、元新潟県知事で立憲民主党衆議院議員の米山隆一氏は、「人口が減り、地震前から維持が困難になっていた集落では、復興ではなく移住を選択する事をきちんと組織的に行うべきだ。日本の人口動態で全てを旧に復することはできない」とXに投稿し、八千件近くリポストされ、一千万以上閲覧されるなど波紋を広げた。米山氏は続く投稿で、「人の少ない集落での暮らしは、高齢者には厳しい。買い物や病院、介護も人口が集積している方がはるかに楽。本人たちの生活も楽になり、行政コストも減る」と、意図を説明した。明治大学教授の飯田泰之氏も、「旧集落のコミュニティを保ち、文化と祭祀《さいし》を保ち、移転先に存続することに希望を託すことは状況を放置してその全てを失うよりも希望ある選択と感じます」と、援護射撃した。

これら「集約論」を堂々と公言する政治家や知識人が現れたことも、東日本大震災との大きな違いだと僕は感じていた。3・11のときは、喉まで出かかっていたとしても、口にする人はいなかった。

それだけこの国も一三年かけて、さらに年老いたということだろう。

二〇一一年の日本の高齢化率は二三・三％、東京の人口は一二六四万人、日本の総人口は一億二七八〇万人だったのに対して、二〇二四年は高齢化率が二九・一％、東京の人口が一三九一万人、日本の総人口は一億二四八八万人となっている。

震災があろうがなかろうが過疎高齢化は一層進んだ。日本の過疎地域と僕たちの社会がどう向き合うか、そろそろ答えを出さなければいけないタイミングで能登を地震が襲ったのだ。

集約論はたしかに乱暴ではあるが、シュリンクしていく社会においては説得力があり、合理的な考え方と見ることもできる。そして集約論への理解は年々、広がっていると感じている。

だが、そもそも「集約するのか」「完全復旧するのか」の二者択一で考えてよいものだろうか。短絡的過ぎるのではないだろうか。二択の「あいだ」の中でどのようなバランスをとるかが大事なのではないだろうか。そして重要なのは、集落に生きる人々が自ら選択できるということではないだろうか。それでこそ、その人々の尊厳は保たれるはずだ。なぜなら、その土地の歴史に責任を負えるのは、その土地の歴史を受け継いできた人たち以外にいないのだから。

飯田泰之氏が言うように、山奥の集落から街なかに移住することによって文化と祭祀の新たな担い手を確保し、存続する道が開けることもあるかもしれない。だが、文化も祭祀も土着的なものだ。根付いた土地から切り離されることで消滅を早めることだって十分ありえる。やはり、大切なのはその土地に生きる人々に選択を委ねることだと思う。

土徳という品格

「土徳《どとく》」という言葉がある。土徳とは、厳しいけれど豊かな環境の中で、自然の恵みに感謝しながら、土地の人が自然と一緒につくり上げてきた品格のことだ。富山県南砺《なんと》市長の田中幹夫さんから教えてもらった。

能登は土徳にあふれている。僕は奥能登で伝承されてきた「アエノコト」を初めて見たときにそう思った。奥能登地域（輪島市、珠洲《すず》市、穴水町、能登町）の農家に古くから伝わるアエノコトは、稲作を守る「田の神様」を祀《まつ》り、感謝を捧げる民俗行事である。毎年一二月に田の神様を迎え入れ、翌年二月に送り出しをする。そのあいだ三カ月間、田の神様は自宅裏の蔵で暮らす。僕が見たのは能登町神野地区での、田の神様の送り出しの儀礼だ。

一〇時一〇分、儀礼が始まった。

田の神様に語りかけながら、お風呂に入れ、食事を振舞うのは地元の農家の川畑慎太郎さん。神野地区で生まれ育った川畑さんは高校卒業後に能登町を出て、関東で働いていたが、九年前にUターンし、農業を継いだ。

「田の神様にお風呂に入っていただきたく、お風呂の湯加減を見てきます」

「お風呂が沸きあがりましたのでどうぞお入りください」

「十分に温まりましたでしょうか。では囲炉裏《いろり》の方にご案内します」

「お食事の用意ができました。どうぞお召し上がりください」

「元日に大きな地震がありましたが、今年も田んぼの仕事をできる喜びをかみしめています」

「自然の力に人間は到底敵《かな》いませんので、田の神様に田んぼをお守りいただきたく、住民みんなで祈念しているところです」

僕は川畑さんに「いろんな長いセリフを覚えるの大変じゃなかったですか?」と聞いたら、「いや、あれはセリフじゃないんです。そのとき思ったことを話しているだけ」と言われ、驚いた。川畑さんは、幼少期から祖父が田の神様を毎年迎え入れ、送り出す姿を見ていたのだという。

能登には「キリコ祭り」という伝統もある。江戸時代から伝わるキリコ祭りは、毎年夏に能登半島全域で約二百の町や地域で行われ、八百基のキリコが若い衆によって担ぎ出される。キリコとは、担ぎ棒がついた直方体の山車《だし》の一種だ。盆や正月に帰省しない若者も、キリコ祭りには必ず帰ってくるというくらい、能登の人たちはこの祭りを愛している。

「三流の都会」「一流の田舎」

そしてもうひとつ、能登には特筆すべき伝統がある。それは「コミュニティ」である。最も被害が大きい奥能登の輪島市、珠洲市、能登町、穴水町の二市二町は、二〇〇六年のいわゆる平成の大合併まで三町五二村に分かれていた。明治維新前にさかのぼると、二町四〇九村もあったという。

「この二町四〇九村が避難所のエリアとそのまま重なるんです。能登は江戸時代からの地域コミュニティが今もなお生きてるということ。これってすごくないですか」と、穴水町出身で現在は東京在住の東井孝允さんが教えてくれた。

現在、東京のＩＴベンチャーに勤務する東井さんは、穴水の実家に帰省していた元日に被災した。自宅は地震と津波で大規模半壊。いったん東京に戻ったが、休日になると穴水に戻り、実家の生活再建、地域復旧のために奔走している。東井さんの実家は栗農園としてポケットマルシェに登録しており、僕は避難所でお父さん、お母さん、弟さんに会って話を聞いた。

東井さんの実家のある集落では一二年前から、地域の六〇代から七〇代の女性たちが廃校になった小学校校舎で「かあさんの学校食堂」を運営し、地元食材を使って住民や観光客向けに食事や弁当を提供してきた。リーダーは、東井さんのお母さんだ。「かあさんの学校食堂」という下地があったからこそ、発災直後の元日の夜から三〇〇食以上の炊き出しをスムーズに提供できたのだという。

外部の支援に頼らず、自力で避難所の炊き出しシステムを立ち上げ、安定的に運営してしまう。このような地域コミュニティの力を、僕は能登のあちこちの避難所で目にしてきた。当初、孤立した集落をセンセーショナルに取り上げる報道が目立ったが、たとえば二週間孤立してもみんなで力を合わせて生きていることはすごいことだ。地域の持つ自治力の高さにも目を向けるべきだと思った。

石川県の復興プラン素案では、ライフラインの強靭化を大きな方向性として示していた。だが、それだけでよいのか、むしろ自治力を強化することが必要なんじゃないだろうかという素朴な疑問も湧いてきた。集約論と完全復旧論の「あいだ」にこそ、能登らしい復興の道筋が描けると考えていた僕は、自治力強化が鍵を握るのではないかと思った。

たとえば、奥能登の里山里海が有する豊かな自然資源を、「グリーンインフラ」の基盤として積極的に利活用するのはどうか。グリーンインフラとは、米国で発案された社会資本整備手法で、「自然環境が有する多様な機能をインフラ整備に活用する」という考え方を基本としている。日本でも、二〇一五年に閣議決定された国土形成計画（第二次）の中に、グリーンインフラの推進が盛り込まれている。

今回の地震で被災した下水道は奥能登全体の管路三九三キロメートルのうち、約六五％に及ぶ。輪島市では完全復旧に二年かかる見込みだ。だからこの際、もっと山水や湧水《ゆうすい》の利活用を考えてみたらどうだろうか。いわば、水道のオフグリッド化（電力会社による送電網＝グリッドにつながっていない状態）である。実際、被災地では発災直後から自衛隊の給水に加え、地域の湧水が避難生活を支えてきた。かつては、水の湧くところに集落ができ、湧水は地域住民に日常的に利用されてきた。地域の生態系や文化を支え、人々の交流の場でもあったのだ。

だから、自治力、地域コミュニティの強化にもつながる。

今回、初期の復旧段階で大きな障害になったのは断水に加え、停電だった。能登のような地理的に隔絶された過疎地域で、既存の上下水道や送電網などのインフラに過度に依存するリスクがまさに表面化したと言える。「線でつながるインフラ」の限界が露呈したのだから、「点でまかなうインフラ」に転換すべきではないだろうか。独立して電力をつくり、蓄電する「電力の自給自足」を実現する技術を能登半島全域に導入することで、カーボンニュートラル先進地を目指す。そして共感する都市住民を関係人口として巻き込み、さらに二地域居住、移住にもつなげていくことができれば、能登ブランドの真髄になるんじゃないだろうか。

都会とは人間がつくった人工物の中に人間が暮らすところで、田舎とは神様がつくった自然の中に人間が住まわせてもらうものである。だから、能登ではアエノコトが受け継がれてきたわけだが、その意味で僕は、全国の農山漁村は「一流の田舎」を目指すべきだと考えている。

一流の田舎とは、自治力のあるコミュニティによって、その土地固有の自然に働きかけ、生活の力、生業の力を自ら生み出すライフスタイルを有する地域のことである。つまり、土徳にあふれる地域ということだ。

だが今、地方の農山漁村は自然から離れ、消費社会に組み込まれることもいとわなくなっている。たとえば、地方の至るところで目にする、同じチェーン店舗が立ち並ぶ幹線道路沿いの風景。これは一流の田舎ではなく「三流の都会」であると僕は思う。そこにはもはや土徳は感じられない。関係人口になるかもしれない「一流の都会」に住む人は、いくらお金を積んでも触れられない価値を求めている。自分たちの劣化コピーのような場所に、わざわざやってくるだろうか。

自治力を高めて、一流の田舎を磨いていくような復興の先に、元々抱えていた地域の活性化への展望も開けてくるのではないだろうか。

イオンがほしい。マクドナルドがほしい

僕は一方で、能登の暮らしや文化を礼賛する自分自身を、それはキレイゴトではないかと冷めた目で見てもいた。

アンソニー・アパカルク・スラッシャーの著書『エスキモーの息子たちへ』の中に、次のような場面がある。

私の所へ食料をもらいに来た十六歳のエスキモーの少年に質問したことがあった。「私と一緒に狩りをしに行かないか。衣服用の毛皮も手に入るし、食用のアザラシの肉もあるぞ」

彼は答えた。「私は矢を射る方法も狩猟の方法も知らない。血だらけになったり、汚れるのはいやだ」

私は彼に言った。「君は矢を射ることも狩猟もしなくてよい。ただ見張りをして私を少し手伝ってくれればいいのだ」

少年が言う。「私は狩猟とか射撃に関係のあることはしたくない。そんなことをするのは野蛮人だけだ」

だが南部では彼に仕事はなかった。昔ながらの技量も身につけていなかったので、福祉の世話にならざるを得なかった。……滅びた民族の一人として。

スラッシャーが少年に狩猟を手伝ってくれと言うと、「そんなことをするのは野蛮人だけだ」と断られる一節について、かつて対談させてもらった民族学者の田口洋美さんは、「自らもエスキモーである少年にそう言わせているもの、それは文化継承を強いる社会的圧力です」と説明していた。少年は圧力に精一杯抵抗しているわけで、スラッシャーはその抵抗の理由を理解すべきだったのかもしれないし、少年は少年で、狩猟文化を残そうとするスラッシャーの思いに寄り添うべきだったのかもしれない。いずれにしても、二人の間にあるギャップを埋めようとしなければ、会話はもう成立しなくなるということだ。

僕は、この少年の言葉に能登の子どもたち、そしてかつて田舎から都会に憧れて出た自分を見る。

能登の子どもたちは、復興について被災者たちが話し合う場で、「近くにイオンがほしい」「ここにもマクドナルドがほしい」と言う。便利さや物質的豊かさ、つまり都市化を求めているわけだ。それに対して、いや、自然とともに生きてきた能登はこのままでいいんだと、僕を含む外から来た大人たちは簡単に言うけれど、みんな能登のような田舎が嫌だから都会に出てきたのではなかったのか。

能登は素晴らしいところだと礼賛しながら、そして、能登復興に必要な地域の担い手が圧倒的に不足している実情を知りながら、誰も能登に移住して担い手になろうとはしない矛盾。

やっぱり安全圏からキレイゴトを言っているだけじゃないだろうか――。

もうひとつ矛盾の例を挙げてみよう。都市住民にとって能登をはじめとする田舎がなくなってしまうことは、たとえば、余暇の時間に休息する場を失うことを意味する。スキーもサーフィンもキャンプも登山も、施設や環境を維持するために汗を流している人たちがいるからできるのだ。そもそも田舎は、僕たちが生きていくのに必要な食べものを生産している場でもある。農村で農業が継続して行われることにより、僕たちの生活にさまざまな「恵み」をもたらしていることも忘れてはならないだろう。これを農村の有する多面的機能という。たとえば、水田は稲を育てるだけでなく、雨水を一時的に貯留し、洪水や土砂崩れを防いだりして、多様な生きものを育んでくれる。また、水田が広がる美しい風景は、僕たちの心を和ませてもくれる。だから農業も農村も大事なのだ。

大事ではあるが、自分はやらない。

その恩恵にはあずかりたいが、自分ではやらない。

ここにも壮大な矛盾がある。

この矛盾は都市と地方の分断によって、どんどん大きくなっている。都市生まれ都市育ちの「ふるさと難民」が増大しているが、たとえば都市出身者が霞が関の大半を占めるようになったら、地方自治体の首長が陳情に行っても、もはや意味が伝わらないという事態が起きることもあるだろう。受験勉強で地方の課題について学んだとしても、地方で暮らしたことがなければ共感は生まれない。地方の人間も同様に、都市の課題が理解できなくなるだろう。すでに分断は深刻になりつつある。

山の暮らしは将来的に意味があるのか

なぜ能登を残さなければならないのか。被災者の側から見たときには何が見えるだろうか。この六十年間、能登の生活環境は大きく改善されてきた。国や県の過疎対策があり、道路や上下水道といったインフラも整備されてきた。だが、それでも過疎化は進み、人々は都市部に流出し続けてきた。

では能登を、国民の税金を使って再建、復興することの意味とは何なのだろうか。

実はその問題に真正面から向き合った自治体がある。二〇〇四年に新潟県中越地震で被災し、都市部に全村避難した新潟県山古志村《やまこしむら》である。発災から半年後には全村民が帰村することを目標に掲げた「山古志村復興プラン　帰ろう山古志へ」が策定された。同時に、自分たちが復興したい山の暮らしはそもそも将来的に意味があるのかということも議論したそうだ。

当時、村職員として復興プラン策定に関わった青木勝さんは次のように振り返った。

「過疎対策を四十年間もやって生活環境は整ったけれども、過疎化は止まらなかった。そこにもう一度お金をかけて地域を再生するということに意味を持たせられなければ、国民の理解は得られない」

復興には、都市住民に農山漁村を価値あるものとして認めてもらう必要がある。山古志の人々は、復興した山村の環境を都市住民に積極的に開放していくことを復興プランに盛り込んだ。そのことは、自分たちの暮らしを見つめ直すことにもつながったそうだ。その結果、全村避難によって一時は二千人の住民がゼロになったにもかかわらず、発災から三年後の帰還率は約七割に達したという。

山古志の復興の事例を学ぶ中で、僕が最も考えさせられたのは、「過疎対策は都市が稼いだお金でやってきた。つまり都市は地方に投資をしてきた。だから、都市はその投資からリターンを得なければならないし、地方はその投資へ配当を還元しなければならない。都市がリターンとして得るべきもの、地方が還元すべきものとは何なのか?」という問いだった。僕はこの問いに対する答えを言語化することが、地方創生の本質だと思った。

都市住民が失ってしまったもので、なおかつ彼らが今、渇望しているものの中で、自分たち農村にまだ豊かに残っているものとは何なのだろう。それを突合《とつごう》していく、言語化していく、表現していくことで、自分たちの価値を客観視できれば、決して三流の都会に成り下がることはないだろう。

集落の「孤独死」を防ぐために

被災地の復興においては、もともと活性化が難しい集落にどのように向き合えばいいのかという目を背《そむ》けたい問題についても考えておかなければならない。そもそも、活性化だけが目指すべき道なのか。縮小を余儀なくされる集落で生きる人々が、前向きな気持ちで未来をどのように描いていくのか。「撤退」と「敗走」では、同じ退却を意味するようでいてまったく意味合いは異なる。撤退は余力を残した状態でいったん退き、反転攻勢の機会を窺うというポジティブなニュアンスがあるが、敗走は瀕死の状態でどうにもならなくなって退却を余儀なくされるというネガティブなニュアンスがある。撤退という言葉で集落の生き残り策を考えてみると、多様な選択肢があることが見えてくる。

無住集落（誰も住まなくなってしまった集落）を研究する金沢大学の林直樹准教授によると、

石川県内には二〇一五年に三三カ所の無住集落があったが、過疎化が進行し、二〇二〇年には四四カ所に急増。今回の地震で過疎が一気に進み、無住集落もさらに増える可能性が高いという。能登町の福光《ふくみつ》地区や輪島市町野町の舞谷《まいだに》地区にある無住集落では、自宅をふもとに移した元住民たちが冬季を除いて毎日のように「通勤農業」で畑を維持し、茅葺《かやぶき》の家屋や墓、雑草の手入れをし、道路を管理し、誰も住まなくなった集落を守ってきた。

先祖代々受け継いできた土地は、たとえ住まなくなっても心の拠り所であり続ける。そもそも江戸時代、日本は三〇〇〇万人で地域社会を回していた。明治維新以降の近代化を経て、一億三〇〇〇万人に膨れ上がり、それが反転して二〇五〇年には一億人に減少することがわかっている。すべての集落が残ると考えるのは絵空事であり、消滅を免れない集落も当然出てくるだろう。人間の命同様、集落の命にも終わりがある。そして、終わりを意識するからこそ、光り輝く命もある。終わりを迎えるだろう集落で住民たちが自分らしく幸せに生きることができているなら、それはひとつのあり方ではないだろうか。

拡大一辺倒の価値観の下では、たしかに減ること、なくなることは歓迎されざることだったかもしれない。しかし、その価値観は古びてしまっている。

活性化もあれば、村おさめもあっていい。大切なのはその集落の人々が、さまざまな選択肢の中から自ら決断するということ。それが尊厳である。そして親を看取《みと》るのと同じで、集落を看取ることも大切な選択肢となるだろう。残された人たちが記録し、記憶することを通じて、心に刻み、それを活かして生きていく——。それができなければ、悠久の歴史を刻んできた過疎地はこれから全国同時多発的に「孤独死」を迎え、歴史は断絶してしまう。

　復興も同じ文脈で考える必要があるだろう。

第四章 住民票を複数持てる社会を

「海業」というコト消費

「上場間もないのにずっと能登にいて大丈夫なんですか？」

そう何度聞かれたことだろう。僕はいつも、

「インパクトＩＰＯした企業が能登に飛び込まずにどうするんですか？」

と問い返していた。今の日本でソーシャルインパクトを最も必要としている場所は、能登を置いてほかにないのだ。だから、僕は一月頭から能登に入り浸りだった。リモートオフィスは、石川県能美市の米農家さんから借りた軽トラックだ。

週次の経営会議、取締役との１on１ミーティング、隔週のマネジメント定例会議、月例の取締役会、そして各種取材への対応など、時間が来ると車をコンビニの駐車場に停めて、ノートパソコンを開き、会議に参加していた。それ以外はすべて能登に時間を使った。とにかく現場を朝から晩まで一日中走り回り、移動中も終始、電話連絡、メッセージ返信に追われる毎日で、アドレナリンが出っぱなしだった。発災直後の二カ月は三時間睡眠で能登と金沢を毎日往復し、十日間風呂に入ることを忘れていたこともあった。

この年（二〇二四年）の二月二八日、一カ月ぶりに東京へ向かった。無精髭を剃り、永田町の自民党本部で開催された自民党政務調査会の勉強会で講師を務めることになったのだ。テーマは、二〇二一年から水産庁が推進している「海業」についてだ。

かつてのように魚がたくさん獲れる状況ではない現在、漁師は魚を獲って売るだけではなく、漁業体験の受け入れや飲食施設の運営など〝コト消費〟で稼いでいくことで、同時に漁村にも賑わいを取り戻していこうというのが海業の狙いである。海業を入口に地域への関係人口創出も期待できる。能登の復興にも大きな力になると思った。何がボトルネックになっているのか、僕は現場の立場から問題点を指摘してきた。

質疑では、子どもたちの教育における漁業体験の意味や、実施する上で課題になっていることに話が及んだので、僕はある法案について言及させてもらった。

それは「青少年自然体験活動等の推進に関する法律案」である。

この法案は、東京都武蔵野市で半世紀近く前に導入された「セカンドスクール」という教育活動に端を発したものだ。セカンドスクールは、市立小学校五年生と市立中学校一年生を対象に自然豊かな農山漁村で長期宿泊を行い、普段の学校生活（ファーストスクール）では体験できない活動を授業の一部として学んでもらうもので、一九七九年、第三代武蔵野市長に就任した藤元政信氏が導入した。

藤元氏は富山県利賀村《とがむら》出身だった。都市化が進む武蔵野市では人間が自然に依存して生きていることを学ぶ機会が失われつつあると危機感を持った藤元氏は、過疎高齢化で衰退している故郷、利賀村で自然に触れてもらい、同時に、過疎地域の活性化にも寄与しようと考えたのだ。

その後、第四代武蔵野市長に就任した土屋正忠氏も、自然体験は子どもたちの自己肯定感を高めることを示したエビデンスに基づきセカンドスクールを強力に推進した。土屋氏は、国策に広げるべく六四歳で国会議員に転身し、やがて「子ども農山漁村交流プロジェクト」として結実することとなった。民主党政権で事業仕分けされてしまったこともあったが、第二次安倍政権下で復活。現在は文部科学省、総務省、農林水産省、環境省、内閣府など、省庁横断で推進されているプロジェクトだ。

二〇一七年に七六歳で引退した土屋氏の集大成が、「青少年自然体験活動等の推進に関する法律案」である。農泊を進めるハード中心の農水省案と青少年自然体験を進めるソフト中心の文科省案が合体してできた法案だ。しかし、繰り返し法律案が提出されていながら、全会一致でなければ成立しない議員立法ゆえ、一部政党の反対で成立には至っていない。

この法律の第一条が実に素晴らしいのだ。都市と地方をかきまぜる、そのものである。

第一条　この法律は、人々の生活が便利になる一方、人と自然や社会とのつながりを実感することが難しくなっている近年の状況において、青少年自然体験活動等が、農山漁村その他の豊かな自然環境を有する地域（以下「農山漁村等」という。）における様々な体験活動を通じ、生命及び自然を尊重する精神並びに環境の保全に寄与する態度を養い、人と人とのつながりの大切さを認識し、農林漁業の意義を理解すること等により、青少年が生きる力を育むことに資し、並びにその実施を受け入れる農山漁村等の活性化及び都市と農山漁村等相互の共感の醸成に寄与するものであることに鑑み、青少年自然体験活動等の推進に関し、基本理念を定め、及び国の責務等を明らかにするとともに、施策の基本となる事項を定めることにより、青少年自然体験活動等を推進し、もって我が国の活力の向上に寄与することを目的とする。

この法律を根拠に、十年間すべての小学五年生が年に一回セカンドスクールをやれば、この国の未来は変わるのではないだろうか。首都圏で生まれ育ち、帰るふるさとがない「ふるさと難民」が増えていると先述したが、これは将来、都市と地方の相互理解を阻む最大の壁になるだろう。その壁を取っ払うためには、多感な幼少期に地方の人や自然に触れる体験をしておくことが必要なのだ。その際、各家庭の経済力によって体験格差が生まれることがないように国は制度化するべきである。

石川県アドバイザリーボード

三月一日、能登半島地震における復興プラン策定のアドバイザリーボード（有識者会議）メンバーに加わることになった。関係人口創出に関する知見を生かしてほしいとの打診があり、ふたつ返事で引き受けた。メンバーは総勢十人、『シン・ニホン』著者で慶應義塾大学環境情報学部教授の安宅《あたか》和人さん、震災復興事業を担ってきた一般社団法人ＲＣＦ代表の藤沢烈さんなど、外部からの登用が目立った。

そもそも能登は、著しい過疎高齢化に悩まされてきた地域だったが、震災によってさらに加速することは避けられない。復興のためにいかに外の力を引き込めるかが焦点になることは、発災直後からわかっていた。

そして、能登との結びつきが強い地方都市、金沢と接続した復興の必要性もひしひしと感じてきた。能登だけではなく、能登と金沢をひとつの生活圏として捉えた復興、さらには東京や大阪といった大都市とも接続した復興まで見据えなければならないと僕は思った。被災地の課題を解決できる力は都市住民も持っているはずだ。その都市住民が頻繁に能登と都市を往来し、関係人口として能登復興の当事者になっていけば、道は開ける。この時点でのボランティア登録者は三万人。だが実際稼働できているのは二五〇人にとどまっていた。できることはすべてやろうと思った。

石川県議会二月定例会で、馳知事は「二地域居住を含め、いわゆる関係人口を増加させていくことが創造的復興の大事な要素となる」と答弁した。折しも、国会では二地域居住を推進するための関連法改正案が提出され、閣議決定されたところだった。

三月には石川県庁で第一回アドバイザリーボード意見交換会が開催された。

知事、副知事、各部局長ら全幹部が出席し、テレビカメラも複数入った中、僕は、

「まるで能登半島の根元から切り落とされてしまったかのような静まり返った被災地だ。災害直後の風景のままで、復旧が遅い。能登半島に作業員の宿泊施設がないことがボトルネックになっているので、早急に能登空港に作業員の仮設宿泊施設と仮設飲食街をつくるべき

だ」と語気を強めて発言した。会議が終了後、馳浩知事は真っ先に僕のところに駆け寄り、名刺交換を求めてきた。一番うるさいやつのところにまずやってくるあたり、さすがだと思った。

我々はどこから来たのか

「ふるさとは遠きにありて思ふもの、そして悲しく歌ふもの」

金沢出身の詩人、室生犀星《むろうさいせい》の『小景異情《しょうけいいじょう》』冒頭の句である。室生は明治四三年に文学を志して上京するも、生活が苦しく、何度か金沢に帰郷した。東京の暮らしにくたびれ、故郷の金沢に戻ったものの、ふるさとの人々は必ずしも温かく迎え入れてくれなかった寂しさと、それでも故郷への望郷の念を捨てきれない複雑な心境を詠んだ句だ。

いま、金沢、そして東京など大都市と接続した復興を考える上で鍵を握るのは、能登出身者の存在である。

「遠きにありて思ふ」だけではダメで、行動してくれる人が必要なのだ。

発災から四カ月、ボランティアは圧倒的に不足しているが、世間の関心はだいぶ薄れてしまっていた。ここからどうやってボランティアを増やしていくのか。僕は、能登出身者の出番だと思った。

今回の地震は元日に起きた。つまり、多くの能登出身者が故郷に帰省しているタイミングで、両親や祖父母と一緒にあの強烈な体験をしたのだ。目の前で、自分が生まれ育った実家や街並みが崩れ落ち、避難所で家族と過ごした人も少なくない。だが、能登出身者には東京での仕事が待っている。仕事始めを前に、後ろ髪ひかれながら、東京の自宅に帰らなければならなかった。

「東京にいながら、何かできることはないですか?」

「能登には月に一度帰れるかどうか……。それでも復興に関わりたいんです」

「復旧に携わっている能登出身者とつながる方法を教えてください」

僕のもとにはそんな能登出身者からの連絡が後を絶たなかった。

ある講演会の後、名刺交換していたら、輪島出身だと名乗るひとりの青年が「東京で働いていたんですが、今回の地震で、会社を辞めて輪島に帰ることにしました」と教えてくれた。初対面だったが、思わず抱きしめてしまった。

実際、一カ月後、彼は本当に帰ってきた。鮭が大海原を旅し、生まれ故郷の川に戻ってくるように、一三年ぶりに輪島に帰ってきたのだ。

笹谷将貴くん、三一歳。輪島の街なかにある洋服店のひとり息子として、母親と祖母に育てられ、輪島高校から京都大学に進学。卒業後は、映像会社を経て、東京のＩＴベンチャーでバリバリ働いていた。昨年末、神奈川出身の奥さんと一歳の息子を連れて、輪島に里帰りしていたところ、元日に被災した。一度目の揺れで息子を抱きかかえて外に飛び出すと、目の前でビルが横倒しになる瞬間を目撃。避難所で一月四日まで過ごし、知人の車に乗せてもらってなんとか金沢へ向かい、新幹線で東京に戻った。

それから一カ月あまり、笹谷くんの心は揺れ続けた。

このまま東京にいていいのか。輪島に帰るべきなんじゃないか――。

震災から一カ月余、二月一四日、彼は腹を決める。会社を辞めて輪島に帰り、傷ついた故郷の再生のために力を尽くすと。戻ってからの仕事のことなど何も決まっていなかったが、それでも奥さんに伝えると理解してくれた。奥さんも本当にすごい。

笹谷くんは、雨風太陽の仲間に加わることになった。一緒に力を合わせ、能登の復興に尽くしたいと思った。こういうのを、天の配剤と言うのだろうか。頼もしい相棒ができてうれしい限りだった。

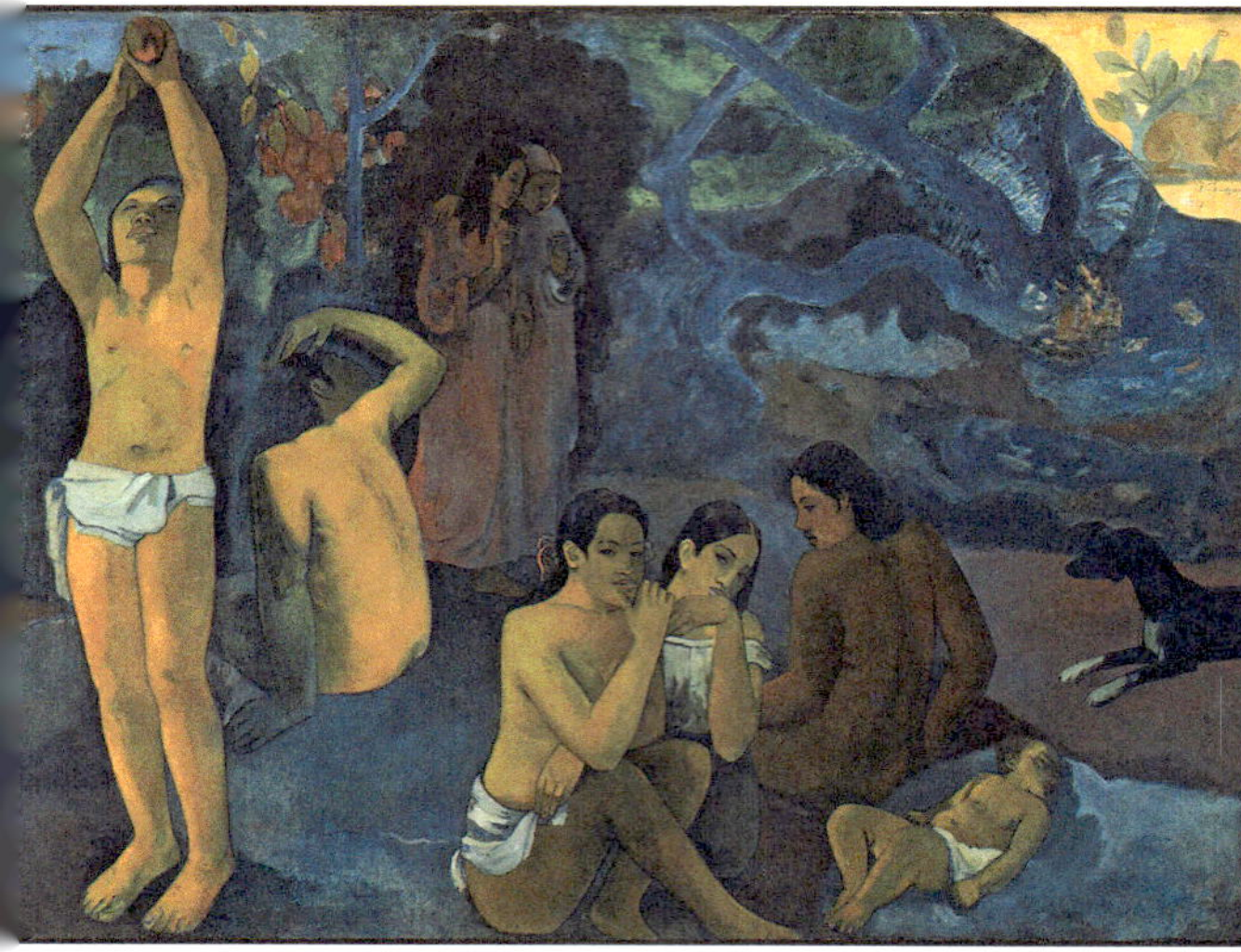

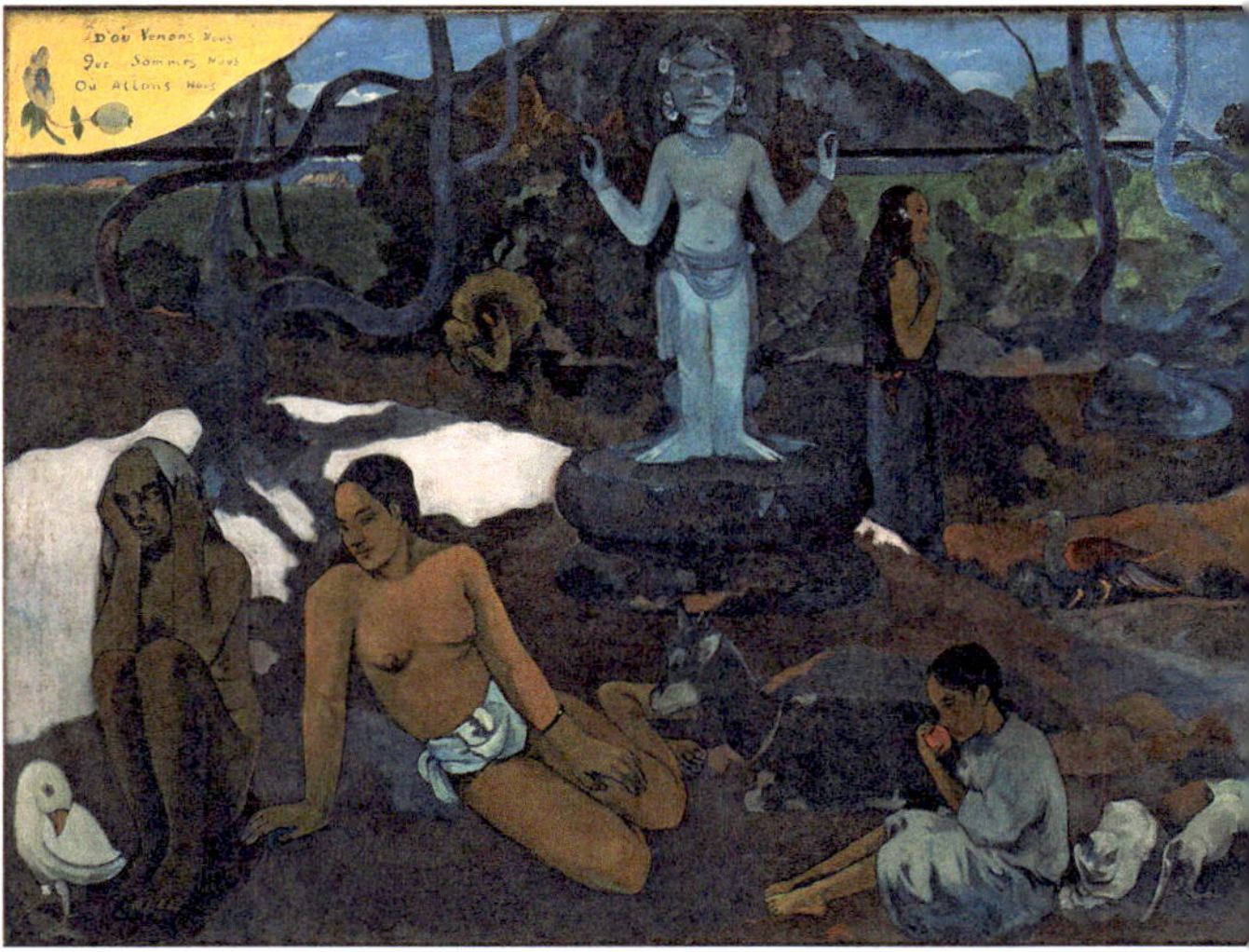
D'où Venons Nous
Que Sommes Nous
Où Allons Nous

フランスの画家ポール・ゴーギャンの名作に『我々はどこから来たのか 我々は何者か 我々はどこへ行くのか』がある（164ページ）。質素で素朴な生活を求めて渡ったタヒチで暮らす中で描かれたものだ。僕はこの絵が好きだ。右側の子どもと一緒に描かれている三人の人たちは人生の始まりを描き、中央の人物群像は成年期を、左側の老女たちは死を迎えることを甘んじて諦めている人生の最期を意味している。

デジタル化、単身化、移動化が急速に進む中で、人間とは何かという哲学的問いが頭をよぎることが増えてきたように思う。この絵の題名にあるように、僕たちはどこからやってきたのか、そのルーツがわからなくなると、どこへ行くのかもわからなくなるだろう。

能登をはじめとする全国各地の歴史ある農山漁村が衰退の一途にある今の日本社会は、どこからやってきたのかというルーツを忘れ、どこへ行くのかがわからなくなった迷子のような状態に見える。

「個体としての生」と「個体の生を超える生」

ルーツを考える上で、故郷の魂の叫び、「祭り」の存在は欠かせない。

幼少期に体に刻まれた太鼓の音や祭囃子に大人になってから触れると、血湧き肉躍るのはなぜだろう。それは、その土地の自然に紐づきながら生きてきた先人たちの表現が時代を超えて受け継がれ、多感な幼少期に当事者として参加していたからではないだろうか。自分たちが自分たちであり続けるために必要なことなのだ。

能登町に、とんでもない祭りがある。

「チョーサ、チョーサ、チョーサ」のかけ声の下、神輿《みこし》を燃え盛る炎に投げ込み、火あぶりにする。燃えたままの神輿をかついで、炎の周囲を回り、アスファルトの道路にたたきつけ、路上に転がす。川にかかる橋から落とし、川の中でひっくり返す。

担ぎ手は、軽い火傷《やけど》もざら。キリコ祭りと言い、江戸時代から伝わり、現在も能登半島の六市町約二〇〇地区で毎年夏から秋に催されている。七月初め、その先陣を切って二日間にわたって繰り広げられる能登町宇出津《うしつ》地区のあばれ祭は、その名の通り、とにかくあばれる。神社の祭神は荒ぶる神として知られるスサノオノミコトの化身とされ、神輿に乗った神様を喜ばせ、慰めるにはあばれるほかないと信じられているためだ。

このあばれ祭のまとめ役、宇出津新村新友会の小川勝則さんは、コロナ禍に突入した二〇二〇年も、「なんとか中止だけは避けたい。規模を縮小してもいいから、三五〇年続けてきたあばれ祭をとにかく続けたい」と各方面に働きかけた。その結果、小川さんが所属する新友会は、神社にお神酒《みき》を奉納する神事と、町内限定で子ども用神輿を川に投げ入れ疫病退散をした。翌年には、これらに加えて一部希望者でキリコを設置し、あばれ祭を敢行したというのだから大したものである。

コロナ禍、イタリアの哲学者ジョルジョ・アガンベンは、イタリア政府がコロナを口実にロックダウンなど自由の制限を行ったことを「とんでもないことだ」と批判した。この発言は当時、強い反発を受け、世界中に大きな波紋を広げた。アガンベンは自分たちの権利が大幅に制限されることに強い懸念を示し、次のように述べた。

誰もいつまで続くか分からないこのような生き方に慣れきってしまった国で、人間の関係はどうなってしまうのだろうか？　そして生存以外にいかなる価値をも持たない社会とはいったい何なのか？（二〇二〇年三月一七日に発表された「根拠薄弱な緊急事態によって引き起こされた例外状態」補足説明）

このアガンベンの問いは、前章で触れた米山隆一氏の「集約論」にも向けられるだろう。輪島の山奥での暮らしはたしかに不便で土砂崩れなどの災害リスクも高いかもしれない。だが、長年暮らした愛着のある土地でともに生きる木や川、動物、隣近所の住民たちと会話しながらだからこそ、目の前の畑で作物をつくる意欲が湧いてくる人もいる。山奥にある小さな集落を見捨てて、ポイントを絞って集約的な復興をすれば、そういう人たちは町に出なければならなくなり、町に出たら、その意欲、そして生きる気力が減退してしまうこともあるはずだ。

小川さんが、コロナ禍でも祭りの開催にこだわったのも同じ理由だ。自粛すれば、たしかに死のリスクは最小化できる。しかしそれでは、生き延びること以外に価値を持たない社会になってしまう。批評家の東浩紀さんは、

私たちは本来、「個体としての生」を生きると同時に、もうひとつ「個体の生を超える生」を生きている。親から生まれ、親が死んだ後も生き、子どもをつくり、その子が自分の死後も生き続ける。その集合体として地域が存続し続ける。また生き方や考え方が次世代に影響を与え、世代を超えて社会変革が実現されることもあるだろう。（二〇二〇

年八月五日付朝日新聞連載「コロナ後の世界を語る」）

と論じている。

一人ひとりはすぐに死んでしまう儚《はかな》い存在であっても、数珠つなぎに受け継がれてきた命の連鎖の中にある自分を自覚できれば、そこに生の意味も立ち上がってくるだろう。「個体としての生」と「個体の生を超える生」のバランスが大事であるのに、ともすればゼロリスクに傾斜する日本社会では、前者が尊《とうと》ばれ、後者は蔑《ないがし》ろにされがちだ。

人間は価値とリスクのバランスを考えることで社会をつくってきた。第二章で述べたように、海のそばでの暮らしには高潮や津波のリスクはあるけれど、海の幸を享受できるという価値を手にできる。そのバランスを取ることで、人間の個性や地域の文化は育まれてきた。

あばれ祭は、土地の神様への感謝と祈り、そして先祖の霊を慰める大切な行事、つまり「個体の生を超える生」を生きる行事だ。だから、小川さんはこだわったのである。できうる限りの感染対策を行ってもなお、リスクはゼロにならない。リスクが顕在化、つまり感染者が出た場合は、世間のバッシングを浴びるリスクもある。それでも、能登町が能登町であり続けるために、祭りをやるべきだと考えたのである。

金沢や南加賀へやむなく二次避難をした高齢者たちは、「とにかく早く帰りたい」と口を揃える。たとえ全村避難した集落であっても、そこには何代にもわたり命を受け渡してきたご先祖様たちがいて、その延長線上に自分がいる。先祖だけではない。山や海などの自然との関わりに生かされてきた自分もいる。隣近所の住民との関わりに生かされてきた自分もいる。そうした集落の関わり全体の中で自分が生かされてきた以上、他の土地では生きられないのだ。

だから、帰りたい。生まれたところで生き、暮らし、死んでいきたい。

「個体の生を超える生」を蘇らせ、実感させる意味で、被災地復興における祭りの存在意義は大きいのだ。

世界は「同じ」に向かっている

人工知能などのデジタル世界は、すべてをゼロと一で構成できる。だから、なんでもコピーすることができる。変化が絶えない自然、差異に満ちた自然の世界に抗うように、世界は「同じ」に向かっている。合理性や効率性だけを求めれば、自ずとこうなる。解剖学者の養老孟司さんは、永久に変わらないもので満ちた「同じ世界」の終着点は、「死なない世界」であるという。実際、情報をクラウドに置くことで、情報は死なくなる。そのクラウドに人間の脳を接続することだってできるようになるだろう。世界中の科学者や起業家たちは、そのようなある種の「死なない世界」を作り出すことに躍起になっている。「個体としての生」が行き着くのは、そのような世界なのかもしれない。

矛盾した問いになるが、「同じ世界」「死なない世界」で人間は生きることはできるのだろうか。

生まれてから死ぬまで、僕たちの体は食べることを通じて、絶え間なく変化している。僕たちの体は三日前と微妙に違うし、一年も経てばまったく別人である。鴨長明《かものちようめい》が『方丈記』の冒頭で語った「ゆく川の流れ」のように、僕たちの体も常に流れの中にあり、一瞬たりとも同じであることはない。今この瞬間の「自分」という存在は、三八億年の生命の歴史の中にたった一度だけ起こった唯一無二の現象なのだ。かけがえがないからこそ、価値があるのだ。「同じ世界」に、このかけがえのなさはない。

やがて僕たちの体も老化し、人間という個体として「死」を迎える。しかし、僕たちは「死」の前に、新たな命をこの世界に産み落とすことができる。彼らもまた絶え間ない変化を繰り返す人生の航海に旅立つ。こうして命はつながっていく。まさに「個体の生を超える生」だ。

そして、個体としての「死」を迎えた僕たちの体の分子は、巡り巡って微生物や虫、動植物、木、岩の一部の分子と置き換えられ、地球を循環しているものの中に受け継がれていく。

唯一無二である自分の「今」の中に三八億年の悠久の歴史があり、三八億年の悠久の歴史の中に自分の「今」がある。だから、僕たちは躍起にならずとも、すでに不死なのだという考え方もできる。逆に、躍起になって不死の世界を目指すほどに、〝生きる〟ことからも遠ざかるというパラドックスに陥るのではないだろうか。ゼロと一の「あいだ」には限りない点があり、無限の世界が広がる。僕たちの〝生きる〟は、差異に埋め尽くされてなお果てのないゼロと一の「あいだ」の一点にこそ、存立し得るのではないだろうか。

連担せよ

五月に金沢で登壇した講演会の懇親の場で、建築家の水野一郎さんと隣の席になった。今の金沢に歴史薫る街並みが残っているのは、水野さんの功績が大きい。東京生まれ東京育ち、日比谷高校出身の水野さんは、地方が東京の背中を追い、東京がニューヨークの背中を追いかけていた一九七六年、仲間たちに「地域の自立と連担《れんたん》」というレポートを書き残し、退路を断って金沢に移住。水と緑と伝統的文化施設で金沢を満たすまちづくりを提唱し、以来半世紀にわたって尽力されてきた。

連担とはなにか。

イタリアの都市フィレンツェの周辺にはトスカーナという豊かな生産地があり、相互補完して地域全体で魅力を高め、世界から観光客を集めているが、このような関係性のことを示す言葉なのだという。スペインの都市バルセロナと生産地カタルーニャの関係性も同じである。

この連担を金沢と能登で構築し、復興につなげるべきだと水野さんは力説されていた。連担とは、要するに都市と地方をかきまぜるということだなと思った。初めて聞いたが、よい言葉だ。関係人口が増えるほどに強靭になっていくだろう。

連担先として、金沢以外に有力なのが、東京である。たしかに距離的なハードルは高いが、実は金沢から能登へ車で行くより、羽田から能登へ飛行機で行く方が所要時間は短いという事実は見過ごせない。フライト料金はたしかにかかるが、震災後は全日空のキャンペーン

「いしかわ応援旅行割」を使えば片道一万円（現在はキャンペーンは終了）。

今後も定期的に能登に関わる人材に対しては、「関係人口割引」など何らかの優遇を民間の航空会社と行政が考えるべきではないだろうか。

これまで、金沢などの地方都市には人口の「ダム機能」が期待されてきた。東京と遜色ない教育環境・医療環境・生活環境を整備すれば、東京への人口流出を抑制できるという考え方だ。しかし僕は人口流出は止められないと思う。

あえて厳しい言い方をすれば、「三流の都会」が「二流の都会」になるだけで、一流の都会の東京にはいつまでも追いつかないからだ。

では金沢の優位性は何か？「一流の田舎」が近くにあることだ。これが水野さんが言う「連担」の考え方ではないだろうか。東京の人々が一流の田舎を味わうためには、時間もお金もかかる。一方、金沢の人たちは近くに一流の田舎があるのだ。

かつて、地方都市と農山漁村は共存共栄の関係だったはずだ。人や食材の活発な往来の中で、それぞれの価値観、豊かさ、生き方を認め合い、支え合ってきた。そして、面《エリア》としての魅力や価値を高めてきた。

だが、東京に一極集中し、地方は衰退していった。いつの間にか、同じような構図が都道府県レベルでも展開されるようになった。石川県においては、県庁所在地の金沢市に一極集中し、能登は衰退していった。

なぜこのようなことが起きてしまったのか。

第一回日本帝国統計年鑑を基に、今から約一四〇年前、一八八〇（明治一三）年の府県別人口データを見ると驚かされる。なんと一位は石川県で人口一八三・四万人、二位は新潟県で一五四・六万人、三位は愛媛県の一四三・九万人、そして現在一三九一万人の東京は当時九五・七万人の全国一七位、大阪に至っては五八・三万人で三四位となっている。当時の石川県は現在の富山県と、若狭《わかさ》を除く福井県も管轄していたが、明治期の日本は農業を主産業としていたため、人手が必要だった農村部の方が都市部より人口は多かったのだ。

だが、日本の産業構造が変化していく中、人は地方から都市へ移動していった。そしてそれは国策として人為的に行われてきた。そのことを国会の場で問う機会が巡ってきた。

トーキョー移民三世

世界的にも類を見ない首都東京一極集中と、地方の衰退。その源流はどこにあるのだろうか。過疎はいつから始まったのだろうか。

二〇二四年五月、僕は国会の衆議院農林水産委員会で参考人質疑に立つ機会があった。〝農政の憲法〟と位置づけられる食料・農業・農村基本法が四半世紀ぶりに改正され、その関連三法案の審議のタイミングで、そもそも論を国会議員たちにぶつけてきた。

元大蔵省主計局主計官で経済学者の松谷明彦氏は、「地方の過疎の原点は、敗戦後の集団就職列車である」と考察している（『人口流動の地方再生学』）。労働省（当時）の要請により、自治体と国鉄は運賃免除の臨時列車を走らせた。「金の卵」と言われた地方の少年少女たちを乗せ、途中の駅には一切停車せず、就職先のある上野駅や大阪駅、名古屋駅の三大都市圏へ直行した。一九五四年に始まり、一九七五年三月二四日、最後の列車が三七四名の岩手県の中学三年生を乗せ上野駅に到着するまでの二一年間、さながらベルトコンベアのごとく、膨大な若年労働力を地方から大都市へと輸送し続けたのであり、戦後日本の経済発展にとって不可欠とされた役割のための、まさに国家的プロジェクトだった、と。

そして、彼らの多くは故郷に帰ってくることはなかった。

この国策があたり、日本は世界に奇跡と言わしめる経済成長を成し遂げた。だが、これだけの長期間、地方の若者たちを都市部に供給し続けた国は類を見ない。そして、必然的帰結として、都市と地方は分断した。

当時、地方からの「移民一世」としてトーキョーの住民になった人々も今や移民三世、四世と世代交代が進み、かつてのルーツである故郷との関わりを失った人々が多数いる。その一方で、地方の農山漁村はすっかり寂れてしまった。関わりがなければ、関心も興味も生まれず、他人事になってしまう。当然、価値も理解できない。日本の地方と一次産業の衰退の根底には、都市と地方の深い分断、生産と消費の深い分断が大きく横たわっている。

日本は今、地方を、そして一次産業を立て直す必要性に迫られている。

今回の農業基本法を巡る議論では、食料安全保障がクローズアップされた。戦後、日本は自由貿易に踏み出し、工業製品を海外に輸出して得たお金で、海外から食料を買うことで成り立ってきた。しかし、国力は著しく低下し、中国をはじめとする他国に高値で購入されて買い付けができない状態、いわゆる「買い負け」が続いている。異常気象にともなう不作やロシアによるウクライナ侵攻などを受け、食料、肥料、飼料の安定確保への懸念も現実のものとなっている。このままではいつなんどき食料危機に直面するかわからない。残る道は、自国の生産基盤を強化する以外にないのは誰の目にも明らかだ。

人手不足を解消するために、さらなる集約化やスマート農業も、もちろんやればいい。だが、受け身の発想では、延命治療、対症療法に過ぎず、持続的な農村は形成されていかない。集約化やスマート農業でできた余剰で新しい仕事をいかに農村に生み出していくのかが問われているのだ。

そのときに必要になるのが外からやってくる関係人口との協働だ。リモートワーク、ワーケーション、二地域居住などで、農村に足りないスキルやノウハウ、ネットワークを持った多様な人材が入っていける時代になったのだ。

住民票を複数持てる社会

この関係人口の数の桁を変えられるのは、国しかない。戦後の集団就職の臨時列車と逆のことをやればいいのだ。ただし今回は、臨時列車のような片道切符である必要はない。大都市に暮らしや仕事の拠点を置きつつ、特定の地方の農山漁村にもうひとつ拠点を持ち、行き来しやすくするように国が環境整備、後押しするのである。

先述した松谷氏は、戦後のリソース配分のルールは、一貫して「まず大都市に」だったと指摘する。所得を生み出すのは圧倒的に大都市なのだから、資源はまず大都市経済の基盤形成に配分し、日本として最大限の所得を確保する。そしてその所得の一部をもって地方の活性化を図る。それが全国総合開発計画に代表される戦後のリソース配分の基本的な考え方だった、と。しかし大都市に依存するだけでは、地方が地方のやり方で、地方の価値を最大化することは難しい。ではどうするか。大都市と地方が、日本と日本人が持つリソースを同時に使うのだという松谷さんの提案は、まさに関係人口の考え方とぴたりと重なる。

それぞれの豊かさを追求する大都市と地方の間を、人々が自らの意思で活発に行き来する「人口流動社会」。旧来の秩序や価値基準から解き放たれた人々が、自分自身の居場所を求めて、つまり最も自分らしく過ごせる場所を求めて、毎週、毎月、毎年、さらにはライフステージごとに、自分が所属する社会や組織のエリアを離れて、他のエリアを訪ね、他のコミュニティに溶け込んで時間を過ごし、自分の特技を活かして生きる。人々がそのように動くことで、大都市も地方も一層豊かになれるはずだし、農村は賑やかな過疎が実現し、生産基盤も強化され、食料安全保障にも寄与できる。そうした方向性を目指したらどうか――。

僕はそんな内容の話を、参考人質疑で展開してきた。

現在に至る極端な人口偏在は国策によって生み出されたのだから、関係人口の創出という国策によって解消するべきである。これが僕の考えだ。これまで地方創生と言えば、移住定住の施策が地方自治体によって、そして後押しする国によって推進されてきた。しかし、定常的に人口が減少していく社会にあって、移住の推進は人口の奪い合いにほかならず、ゼロサムゲームになるのは避けられない。

これまでの地方創生の十年では、人の流れをつくる政策は地方の自主性に任せた取り組みが中心だったが、効果は乏しかった。その反省に立ち、国は人口減少・少子高齢化に対応した新しい社会モデルとして、都市に住みながら地方に関わる関係人口を今後十年で一〇〇〇万人創出する（具体的には「ふるさと住民登録制度」登録者一〇〇〇万人。詳しくは後述）。そのために関係人口を増やす取り組みは国が司令塔機能を担う組織を新設して自ら主導する。これくらいのことをやるべきである。

僕は、国にあらゆる手段を使ってアプローチしながらも、まず石川県から具体的に始めることが必要だと考えていた。関係人口の可視化、すなわち住民票を複数持てる社会の実現を、能登半島地震の被災地から――と。

「石川モデル」から日本を変える

四月一五日から、二地域居住を推進する関連法案の審議が国会で始まった。

能登半島地震以降、やむを得ず能登を出て金沢に避難、転出した人たちがたくさんおり、事実上、二地域居住をしていた。妻と子は金沢で暮らし、平日能登の役場で働いている夫が週末は金沢の家族の元に帰ってくる。あるいは平日金沢で働き、週末は能登の実家に戻り復旧復興の手伝いをする。さまざまな形で金沢と能登を行き来している被災者たちがたくさんいた。他にも、東京や大阪から週末、能登に帰ってくる人たちもいた。このようなタイミングで二地域居住の法案が国会に出たのだ。被災者のみなさんに話を聞くと、交通費負担軽減など、二地域居住の環境整備を切望されている方が本当に多かった。

前述の通り、僕は石川県復興プラン策定アドバイザリーボードの委員でもあるので、初回の会議から二地域居住の推進と関係人口の創出を復興プランの柱に据えるべきだと提案し、実際に骨子案に盛り込まれた。二回目の会議では、二地域居住の課題である交通費負担の軽減策について、そして最大の難関である住民票の課題について取り上げた。法律は何のためにあるのか。当たり前のことだが、法律のために人がいるのではなく、人のために法律があるはずだ。すでに現実には、二地域居住や多拠点居住をしている人たちがそこかしこにいる。そして何より、今回の能登半島地震で、二地域居住を余儀なくされている方がいる。現実に法律が追いついていないのだ。非常時の被災地から現実に即して法律を変えるような動きが出てきてしかるべきではないだろうかと思っていた。

日本が定常的に人口減少し、さらに都市に人口が吸い込まれ、地方はますます過疎にあえぐ流れを一切止められないでいる中、地域社会をどのように維持していくのか。この難問に対する唯一と言える解が、ひとりの人間が複数の地域に主体的に関わる、関係人口である。リモートワークやダブルワークなどさまざまな地域への関わり方があるが、地域の担い手として最も期待できるのが二地域居住者だ。だが、今は、どうせ都会に帰る人たちだろうと相手にされていないのが実態だ。政府が「これからはこういう人たちも住民として認めますよ」とお墨付きを与えれば、住民たちの二地域居住者に対する見方も変わるはずである。これによって、「関係人口」は〝概念〟から地域社会を担う〝頭数〟へと昇華していくだろう。

二地域居住を考える上で「納税」と「選挙」は、非常にやっかいな問題である。二地域居住推進の関連法案は国交省から出ていたが、住居や職場環境の整備に対する財政支援などあくまでハード面が中心だった。だが、「納税」「選挙」は総務省の管轄で、同省ではタブー扱いされてきたと関係者から聞いていた。複数の住民票を認めることは民主主義、住民自治の根幹に関わるし、全行政サービスのベースになる「人口」という概念自体を変えてしまうことにもつながりかねない。そうなると、実務的な影響は全国一七〇〇すべての自治体に広がるため及び腰になる気持ちはよく理解できる。だがそれは、やらない理由にはならない。

二回のアドバイザリーボード会議を経て、石川県は五月二〇日、能登半島地震からの「創造的復興プラン」を公表した。僕が提言を続けてきた「関係人口の拡大」が最重点課題として打ち出され、「二地域居住モデルの構築」も具体的に盛り込まれた。石川県内で二地域居住する人に対して事実上の「第二住民票」を発行する登録制度まで盛り込んでほしかったが、それはかなわなかった。僕は、「石川モデル」をつくっていくことが、日本のひとつの答えになるはずだと考えている。理屈ではなく、まずどこかが実際にやってみることが何よりの説得材料になるからだ。

折しも、国会でも地方創生を主眼に二地域居住を促進する法律が成立したところだった。衆議院予算委員会では、二〇二四年の政界を揺るがした「政治とカネ」の問題についてばかりが議論される中、坂井学さんだけが能登の復興の課題を取り上げ、二地域居住、二重の住民登録についての考えを岸田総理に質《ただ》していた。岸田総理は「二地域居住は大変重要な問題。国としても創造的復興、持続可能な地域ビジョンを支援していく」と答弁。

岸田政権は、地域の豊かさをそのままに、都市と同じまたは違った利便性と魅力を備えた、魅力溢れる新たな地域づくり、通称「デジタル田園都市国家構想」を掲げていたが、その源流は同じ宏池会《こうちかい》の先輩、大平正芳《おおひらまさよし》が一九七八年、第六八代内閣総理大臣就任時の施政方針演説でぶち上げた「田園都市国家構想」にある。都市が地方を一方的に搾取するのではなく、都市と地方がもっと経済的・文化的に結びつきを強め、有機的につながる社会を目指した「田園都市国家構想」は、「都市と地方をかきまぜる」というコンセプトに非常に近いものがある。

「豊かな都市が立ち遅れている地方を支える」という上下関係を基軸とする考えから抜け出し、千差万別の地方の文化、風土、歴史、気質の特性を生かしながら、経済的・文化的価値を高める方法を、その土地の人間が関係人口となる都市住民とともに主体的に考えて実践できる環境を整える、言い換えれば地方が百花繚乱《りょうらん》とした日本をつくることが、国のやるべきことである。

しかしこの十年間、国によって行われてきた地方創生は、たとえばひとつの好事例を全国展開するという姿勢に見られるように、従来の画一的で中央集権的な発想の域を出るものではなかった。アインシュタインは、「その問題が発生したときと同じ考え方では、その問題は解決できない」という言葉を残しているが、これまでの十年の地方創生がうまくいかなかった根本的原因は、まさにこういうことだろうと思う。

島根県海士町や岡山県西粟倉村《にしあわくらそん》、徳島県神山町、福島県南相馬市、北海道東川町など、全国各地に生まれている好事例を見ると、関係人口が媒介となり、地域活性化を実現していることが共通項であることに気づく。そうであるならば、国がやるべきことは、都市と地方を往来する関係人口の総量を増やすことで、各地域にそうした化学変化が生まれる環境をつくることこそを主導するべきではないだろうか。

さらに言えば、この十年間の地方創生の歩みを振り返り、出直すだけでは不十分である。もっと巨視的な視座で見なければ、問題の深刻さは理解できないだろう。

これまで日本の社会構造を本質的に変えるほどの大変動は二つしかないと、東京大学名誉教授の山内昌之氏は指摘している。その第一は、応仁の乱（一五世紀）による日本の社会と文化の変容であり、特に戦乱と人口移動によって荘園制が解体し、社会システムの単位が村町制に変質したことである、という。西国と東国との違いが下剋上や住民の流亡や貴族文化人の地方移住などによって解消し、日本列島に一つの均質化した社会が形づくられた、と。

もうひとつの大きな変動は、戦後復興に続く、一九七〇年代の高度成長によって、社会的基礎単位としての農村が解体あるいは弱体化し、都市に生産と租税の対象が圧倒的に移る社会が出現したこと。その結果、少子高齢化や医療・年金支出の増大と税収基盤の不安定化という問題が生まれ、そして弱体化した地方で東日本大震災、能登半島地震が起こった。

もはや、村おこし、地域おこしのレベルで考えてもどうにもならないのだ。「日本全体の再構成」という大きな視座が必要なのだ。二地域居住を含む関係人口が社会実装された「人口流動化社会」こそ、その視座に耐えうるビジョンになると、僕は確信している。

第五章 —— 関係人口を「見える化」せよ

ツルツルVS.ごにょごにょ

衝動は、深入りせず淡白な「ツルツル」した人間関係からは生まれない。複雑かつ濃厚な「ごにょごにょ」した人間関係から生まれる。被災地は、ごにょごにょした世界が広がっている。特に、能登は震災前から、自然との関わり、隣近所との関わり、先祖との関わりが豊かで、ごにょごにょした世界が広がっていた。

そもそも、生きることには「あいだ」がなければならない。僕とあなたの「あいだ」にこそ、生きることは存立し得るのだ。以前、京都大学の歴史学者、藤原辰史《ふじはらたつし》さんと対談したとき、そんな話になったことがある。

たとえば、僕が荒野にひとりぽつんと立っているとする。それは、生きていることになるのだろうか。自分と自分以外の誰かがいたとき、そこから〝生きる〟が始まる。「相手がこう動いたら自分はこう動く、すると相手もこう動く」というように、相互作用で動き、動かされる、その複雑系が人間が生きるということであり、だからこそ「あいだ」が大事なのである。

他者と関わることでこそ「あいだ」は生まれるのに、今の社会は界面活性剤化し、「あいだ」がないツルツルの人間関係が席巻《せっけん》している。摩擦がないから熱も生まれないし、何よりここからは〝生きる〟が立ち上がってこない。こうした〝生きる〟リアリティの喪失という現代社会の闇の中で、生きる意味や生き甲斐を探しあぐねている若者たちを多く目にしてきた。

僕たち人間はコントロールや予想できないことを恐れる生きものだ。

食べもの、体、環境、そして互いの関係を自分の思い通りにしたいという欲求を常に抱えている。その欲求を満たしてきたのが近代という時代だった。さらに、セックスロボット、培養肉、人工子宮、安楽死マシンなど、これまで絵空事とされてきたことが、テクノロジーによって実用化も夢ではないところまできていると、ジャーナリストのジェニー・クリーマンは著書『セックスロボットと人造肉』でルポルタージュしている。性、食、生、死という人間の根源に関わる四つの要素を完全にコントロールできる未来がやってくると、世界の起業家は謳っている。

一方、これらの製品やサービスはすべて僕たちを自然からも、僕たちを取り巻く環境からも、他者からもさらに遠ざけることになる恐れがあると、ジェニーは問題を提起する。相手に対する共感、不完全な自分、妥協、犠牲といった人間の本質的要素、つまり人間性を失ったとき、僕たちは「人間とは何か」について再定義を迫られることになるだろう。そのときはもう目の前に迫っている。

僕たちは暮らしや社会に「あいだ」を取り戻す必要があるのではないだろうか。ツルツルの関係の中に、ごにょごにょの関係も織り交ぜていく。ツルツルとごにょごにょを相反させるのではなく、止揚していく。

たしかに関わることは煩わしいかもしれない。でも、煩わしさから逃れるために、生きることを手放す、あるいは自らの生存基盤を脆弱化しているとしたら、なんとも頼りない。能登は、日本に残された「ごにょごにょした世界」の聖地のようなところだ。自然とのつながり、他者とのつながり、先祖とのつながりなど、さまざまなつながりの中で人々は生き、生かされている。そんなごにょごにょした世界がどんなものか、ツルツルの都市生活で育った学生たちに体感してもらいたいと僕は思っていた。

学生たちを送り込む

能登半島地震の発災直後に能登に単身乗り込み、現地で体を張って支援活動を展開しながら、地元の人的ネットワークを拡大しつつビジョンを練り上げ、創造的復興プランの中核に「関係人口」を入れ込んだところまでが二〇二四年の上半期だった。七月に入り、いよいよ復興プランに盛り込んだことを実践するフェーズに移行した。

最初に形になったのが、「のと復興留学」だった。これは、震災で大きく傷ついた能登半島をフィールドにした学生限定の短期地方留学プログラムだ。僕らはこれまで事業で培ってきた知見を踏まえ、日帰りではなく、連泊からの受け入れを基本とすることにこだわった。最低でも三～五泊はしないと、受け入れ先の住民との関係性を育むのが難しいからだ。僕がこれまで構築してきた関係性の中から一二地域を選び、声をかけ、引き受けてもらった。瓦《が》礫《れき》撤去、草刈り、農作業、漁師の直販サポート、お年寄りの話し相手、コミュニティ運営など、被災地には山ほどやることがあるが、圧倒的に人手が足りていない。そこを手伝ってもらいながら、現地の住民のみなさんと交流し、大学の教室では決して得ることができないものを体感してもらいたいと思っていた。そのひとつが、やむにやまれぬ心の動き、「衝動」だ。

夏休み中、三五の大学から百人に及ぶ大学生たちが「のと復興留学」に参加してくれた。ある女子学生は能登町の農村の集会所に泊まり込んだ際、地域のおばあちゃんに「お化粧とネイルを教えてほしい」と言われたという。彼女は面食らうも、丁寧にやり方を教えると、あか抜けたおばあちゃんはとても喜んでくれた。最終日、「帰りたくない」と涙を流して別れを惜しんだそうだ。また、輪島市門前町黒島町に飛び込んだ慶應義塾大学二年生の男子学生は、地域の人たちから戦力として非常に重宝された。その後、彼は大学を休学することを決め、一年間インターンとしてその地域の復興を手伝うことになった。

その男子学生の様子を見に黒島を訪ねると、彼は半壊した古民家でピアノを弾いてくれた。なんでも、地域の災害ゴミ置き場に解体されたピアノが捨てられているのを見つけ、やるせない気持ちになり、近所の住民に「ピアノがあれば僕が弾くんですけどね」と呟《つぶや》いたところ、その人がピアノを譲りたいという被災者につないでくれたという。ときどき演奏会を開き、地域のおばあちゃんたちがお茶飲み会も兼ねて聞きに来てくれているとのことで、「都会ではこんなことはありえない。人と人の関係性が濃く、生きている実感が湧く」と語ってくれた。「のと復興留学」を機に生まれた衝動に駆られるままに、三人の大学生が能登復興を担うＮＰＯなどに就職を決めた。

関係人口を「見える化」せよ

この黒島町は、一七世紀後半に江戸幕府直轄の天領となり、大阪と北海道を結ぶ北前船の船主や船員の居住地として大変に栄えた地域だ。海岸段丘上に細長く形成された集落は黒瓦と木造建築で統一されている。近代化の波に飲み込まれることなく、見事な景観を保っており、二〇〇九年に国の重要伝統的建造物群保存地区に選定された。金沢で育った杉野智行さんは幼少期から父に連れられ、能登でよく釣りを楽しんだ。そうした原体験から、県庁職員になった後も車に寝泊まりしながら、能登に通って釣りやサーフィンを楽しんでいた。三年前に県庁を退職し、黒島町に移住し、古民家を購入して、ゲストハウス開業の準備をしていたところ、地震被害にあった。

杉野さんは「黒島復興応援隊」を結成し、自ら隊長として地域の災害復旧活動に汗をかくかたわら、別の古民家でゲストハウスを開業。この宿泊業に加え、引き続き災害復旧活動の窓口役や食堂運営など地域課題を解決するスモールビジネスをいくつも考えていたが、具体化するための人手が不足していた。

そこに頼もしい助っ人が現れた。

黒島町で生まれ育ち、高校卒業後は進学のために上京し、そのまま東京の大手監査法人でバリバリ働いていた坂一博さんだ。年越しのため帰省中に被災し、その後は東京から二週間に一度のペースで飛行機で能登に通い、故郷の再建に尽力していた。このふたりが出会い、坂さんは気づけば杉野さんの右腕となっていた。

杉野さんが立ち上げた会社のビジョン、ミッション、バリューの言語化を手伝い、事業計画を一緒に練り上げ、各種助成金の申請なども坂さんが手を動かしている。これらの作業は遠隔でも十分に可能なので、普段は東京で働きながら、空き時間でサポートし、定期的に現場にやってきてはリアルで作戦会議や力仕事に汗を流す。公務員の経験しかない杉野さんを、東京でビジネススキルを磨いてきた坂さんが支える。「今までの人生で一番充実し、自分らしく生きることができている」と坂さんは語る。

これこそ理想的な関係人口の姿ではないだろうか。

さらに大学生がインターンとして加わるなどして、チームは関係人口の力によって厚みを増している。故郷にUターンまではできないけれど、東京での生活を続けながら、疲弊する故郷のためにひと肌脱ぎたいと考えている人たちは意外と多いのではないだろうか。高校卒業後に進学で都会に出てきて、そのまま働いている人たちには、どこかで故郷を捨てた負い目のようなものがあると、かつてそうだった僕は思う。自分を生み育ててくれた故郷のことは気になるけれど、今さらどんなふうに関わっていいのかわからない、という人は少なくないはずだ。

問題は、ほとんど関係が切れてしまっている故郷の関係人口となるきっかけがないだけだ。坂さんもこれまでは盆暮れの年二回しか帰省していなかった。徐々に衰退していく故郷の課題についてもどこか他人事だった。しかし、大地震で故郷が崩れ去り、まさに消滅の危機に直面したとき、初めて危機感が芽生え、行動に至ったのだ。過疎は慢性的な災害であり、ゆでガエル状態だといえる。確実に消滅に向かっているにもかかわらず、その変化は極めてゆるやかで、危機感を持ちづらいのだ。

過疎地はどうすればよいのか。

ポイントは、関係人口の「見える化」にある。

高知県馬路村《うまじむら》という人口わずか七九九人の自治体がある。特産品のゆず加工品が大ヒットし、年間八万人が地元農協のサイトから購入している。最大の特徴は、既存の流通を介して市場に出荷するのではなく、一般消費者に直接販売してきたことである。職員が大都市の百貨店の催事場で、村のゆずにまつわる食文化や商品をお客さんに説明しながら販売し、ファン（関係人口）を獲得してきた。こうしたリアルやネットでの直販を土台に、電話やダイレクトメールを活用して、いわゆる〝顔の見える関係〟の構築に力を入れ、顧客情報を管理し、ファンベースマーケティングを展開してきたのだ。

こうした民間の成功事例に学び、馬路村は二〇〇三年に「特別村民制度」を導入し、現在一万一〇〇〇人の特別村民が応援している。制度化し、名簿という形で関係人口が「見える化」されているのだ。登録料は無料で、専用の住民票が発行されるほか、特別広報紙が年一回送られる。村は特別村民に特産品情報を積極的に発信しており、ふるさと納税の案内なども送り、寄附件数を伸ばしている。地場産品の有望なマーケットになっているのだ。全国に一万一〇〇〇人という数字は地域づくりのやる気や励みにもなる。また、活用可能な豊富な人的資源と考えれば、馬路村にとって人材バンクにもなる。特別村民には、その地域に帰属することによる安心感や、貢献することによる充足感をもたらすことになる。

このような関係人口を活用する仕組みは、馬路村のように一部の地方自治体ではすでに取り組まれている。

入れ替わり立ち替わり、関わり続けるために

僕は能登空港に作業員の仮設宿泊施設と仮設飲食街、そして関係人口の拠点となるコワーキング施設をつくるべきだと一月下旬から石川県に進言、提言してきたが、六月には五〇〇室の仮設宿泊施設が完成。そしてコワーキングスペースを併設した仮設飲食街は、被災した六つの飲食事業者と雨風太陽が一般社団法人を設立し、運営にあたり、のと里山空港第一駐車場内に

一一月に開業した。施設名は「NOTOMORI」(写真)。施設内は無線LAN完備、プロジェクターやスクリーン、マイク・スピーカーの設備も揃っており、百名規模のイベントやセミナーの開催も可能だ。暗い話題が多かった能登にとって、少しは明るいニュースを届けられたと思う。

震災によって、高齢化率四九パーセントの能登からはさらに若い世代が流出し、過疎高齢

化が進行してしまった。畳みかけるように九月下旬には豪雨が襲った。地元住民の力だけでは復旧復興が困難である以上、外部から力を引き込まなければならない。繰り返しになるが、関係人口となる人たちが入れ替わり立ち替わり関わり続けることが不可欠なのだ。その拠点になるのが、この「NOTOMORI」である。

被災された飲食事業者たちにとって再生の一歩となると同時に、飲食の提供を通じて、関係人口と交わる場所としても機能する。コワーキングスペースでは、能登の中の人と外の人が復興に向けて議論を交わし、ビジョンを練り上げていくことにもなるだろう。すでに東京の経済同友会、新公益連盟、インパクトスタートアップ協会のメンバーと能登の復興を牽引する若手地域プレーヤーが一緒に議論するセッションが行われたり、ウィーン・フィルハーモニー管弦楽団が演奏会を開いたりしている。

「NOTOMORI」は、「奥能登のリビング・ダイニングルーム」を目指した。社会の最小ユニットは家族だが、今の時代、みんな居心地のよい寝室や書斎から出てこなくなってしまっている。顔を合わせるのはせいぜい朝食や夕食くらい。いや、食事のタイミングで家族が揃うのであれば、まだよいほうかもしれない。仮設住宅も仮設ホテルも、まずは大量の寝床を短期間で確保しなければならず、憩いの場としての機能は後回しにせざるを得なかった。

だからこそ、「NOTOMORI」は居心地のよさに注力した。いろいろな人が集まりやすいように、長居してもらえるように設計してある。個店ではなくフードコート方式として広い飲食スペースを確保したのもそのためだし、外から見ても「中に人がいること」「多数の店舗があること」がわかるようにほぼ全面をガラス張りにした。

全焼してしまった「町中華」の再起

被災飲食事業者として六店舗が入居することとなった。そのひとつに、輪島市の中心市街地で地元住民に愛された町中華「香華園」がある。香華園は、自宅兼店舗が全焼。店主の板谷吉生さんは心が折れかけたが、たまたま火の回りが弱かったところに残っていた寸胴《ずんどう》を見て、奥さんと一緒に再起を決意。地元での再開の見通しはまだ立たない中、「NOTOMORI」への出店を決めた。

輪島市内の仮設住宅で暮らす高齢者夫婦も香華園の復活を聞きつけ、やってきた。能登にしてはやたらオシャレな外観に気後れし、最初は入口で様子を窺っていたものの勇気を出して入店。慣れ親しんだ香華園の味を久しぶりに堪能し、満足気に帰っていった。能登空港の仮設宿泊施設に長く寝泊まりしているという作業員は久しぶりにジョッキの生ビールで喉を潤した。連日、レンジで冷凍食品を温めて食べていたという外部からの応援職員も舌鼓を打った。

板谷さんにとって一〇カ月ぶりの厨房だった。鍋を振り続け、腱鞘炎気味になったが、お客さんたちの喜ぶ顔を見て、改めてもう一度がんばろうという気持ちが湧いてきたという。

能登空港は今後、内と外をつなぐ交通の拠点としても重要になってくる。現在、能登では移動手段の確保が大きな課題となっている。震災後、各地のタクシー会社が廃業に追い込まれたためだ。タクシーだけではなく、地域バス、レンタカー、カーシェアなどあらゆる交通の便を能登空港に集約させていくことも考えていかなければならない。同時に、東京からの空路や穴水駅までの鉄道、金沢駅からの特急バスも強化する。空港をハブにした乗り換えは割引制度を設けるなどして、波及効果を狙う。

もう一点、現地での移動や二地域居住地までの移動については、たとえば規制緩和されたライドシェアなども活用できるだろう。関係人口が現地で移動する場合のアシとしての役割だけでなく、関係人口となった人がドライバーになることも可能だ。すでに北海道厚真町《あつまちょう》では、地域住民による移動サービスが展開されている。ガソリン代などの実費であれば、許可がなくてもサービス提供者が受け取ることができる。これを金沢と能登の移動と、能登の中の二次交通にも転用したい。

現在、週に二回、三回と、金沢と能登を往復している住民たちがいる。たとえば家族が金沢で避難生活を送る一方、自分は能登で仕事があるケースだ。事実上の二地域居住といえるが、移動のためのガソリン代もバカにならない。もし移動サービスの担い手になることができれば、移動費負担は軽減するし、能登に行きたいボランティアや関係人口の役にも立つ。車で移動中は会話することにもなるから、関係性を育むこともできるし、一石三鳥ではないだろうか。

二地域居住と関係人口

僕が今回、石川県創造的復興プランの策定で最もこだわったのは、二地域居住を含む関係人口の拡大だが、被災地での二地域居住といえば、忘れてはならない場所がある。東日本大震災後の福島である。福島では避難指示を受け、多くの方が広域避難した。その際、問題になったのは、住民票である。当時、福島県双葉町の復興会議において、町民からは次のような声が上がった。

「車を家に残したまま県外に避難し、避難先で車を購入しようとしたら、住民票がここにないとダメだと言われた。車が必要だったので仕方なく住民票を移してしまった。本籍地も双葉でも福島でもないので、双葉は〝旧住所〟でしかなくなってしまった。双葉で生まれ育ったのに……」

「早く住民票に替わる証明書を作成してほしい。何かと不便。県外にいると何かと気を使って生活している。住まわせてもらっているというひけめもある」

「避難先で社会支援が受けられない。国で二重住民票みたいな政策を作ってほしい」

こうした声に対応するため、当時、国は福島県の一三市町村を対象に「原発避難者特例法」を制定した。この法律により、住民票を移さなくても避難先で同じ行政サービスを受けられるようになった。

現在、能登から金沢に広域避難している被災者は多く、同じ事態が想定される。だが、避難指示が出ておらず、被災者個人の選択の問題になっている。被災者は能登で暮らそうにも住む家がない状態で、選択の余地はないのに、だ。現在は、金沢市の柔軟な対応によって金沢市で行政サービスを受けられるようになっているが、一定のボリュームの被災者が長期間金沢で避難生活を続けた場合、自治体としても無視できない負担となる。

一方で、二地域居住は災害復興だけではなく、日常のライフスタイル、人口減少下の国土デザインとしても注目されている。人口減少に悩む地方においては、農作業や地域課題の解決、地域づくりの担い手確保になり、地域の内発的発展を誘発する重要な人材となりうる。また都市と農村を往還する二地域居住者の一部は、両者を結び、共生に導く役割を果たしうる。二地域居住者個人にとっては異なる地域でさまざまな人と関わりを持ち、趣の異なるライフスタイルを楽しむことができる。子どもたちにとっては、自然豊かな地域で視野や経験を広げることができる。災害時、円滑に避難できる場所を確保することにもなる。さまざまな効果が期待できるのだ。

一方、二地域居住なんて金持ちしかできないという声もよく聞かれる。たしかに、経済的に余裕のある人が田舎に別荘を持つイメージが思い浮かぶかもしれない。しかし、これからは違う。地方においては、空き家や稼働していない車などの遊休資産がたくさんある。それらを活用するシェアリングエコノミーを駆使し、地方での生活コストを劇的に下げることは可能だ。

すでに、二地域居住や多拠点居住を可能にする住まいのサブスクサービスを提供している株式会社ＡＤＤｒｅｓｓなどのスタートアップがある。また、鉄道や航空会社もそうしたニーズに対応したサブスクサービスなども実証実験している。できない理由を考えるのではなく、できる方法を考える。今までの社会の常識を前提に考えると不可能なことも、常識を変えることで可能にする。これこそが社会変革なのだ。

二地域居住者は全国に七〇一万人もいる

現在、二地域居住者は、すでに分厚く存在している。

国土交通省の調査（二〇二二年）によれば、二地域居住者は全国の一八歳以上居住者の六・七％（推計七〇一万人）を占める。その目的（複数回答）は、「家族又は親族等と交流するため（介護を含む）」（三六・二％）、「週末又は長期休暇に田舎や郊外など別の地域で暮らすため」（三九・八％）、「趣味や娯楽活動を楽しむため」（二二・四％）のほか、「テレワークのため」（一一・二％）も見られる。調査では、二地域居住をしていない者の今後の意向も調べているが、二七・九％が関心を持っている。今後、条件次第でさらに増える可能性があると言えるだろう。

二〇二三年七月に閣議決定された国土形成計画（第三次）では、東京一極集中の是正や地域の担い手確保のため、関係人口の拡大や二地域居住の促進を打ち出し、二〇二四年一一月には改正広域的地域活性化基盤整備法（二地域居住促進法）が施行された。

法律ができたことは大きいが、二地域居住をさらに広げていくために解決しなければならない課題もある。

① **二地域居住者としての登録、証明及び負担と住民サービス享受**
② **二地域居住の支援策……住宅、シェアリングエコノミー**
③ **往復の交通の支援**
④ **教育、出産・育児環境の整備**
⑤ **地域内交通の確保**
⑥ **地方における医療の充実**

僕は、石川の復興における二地域居住推進策を、全国に全面展開したらいいと考えている。有事を奇貨として、平時の新たな仕組みを創りだす。それでこそ石川県が掲げる「創造的復興」になるのではないだろうか。東日本大震災における福島の場合は、避難先での行政サービスは特例法による国家支出でまかなわれることになった（避難者一人当たり年額四万二〇〇〇円）。避難指示が解除された今も特例は続いている。本来であれば、住民票のある地元に戻るか、避難先に住民票を移すかを決めなければならない。でも多くの人は、地元の浜通りに住民票を残しながら、福島市や郡山市で暮らし続けている。これは何を意味するのだろうか。

あれから一四年が経った。もはや特例ですまされることにはならないだろう。自然災害が常態化し、慢性的な災害状態にある過疎地が日本中に広がり、人々のライフスタイル、働き方が多様化する今、二地域居住は特別なことではなく、当たり前のことにしなくてはならない。その決め手になるのが、「①二地域居住者としての登録、証明及び負担と住民サービスの享受」を実現することなのだ。

変わるべきは住民ではなく法律だ

二〇一一年春、東日本大震災後にさまざまな立場の人たちから提案され、議論となったのが「二重の住民登録」の制度化であった。被災自治体の中で「二重の住民登録」に近い提起をしていたのが福島県飯舘《いいたて》村だった。飯舘村は、二〇一一年六月に「までいな希望プラン」

を発表した。そのパンフレットには、「避難先でも充実した同じサービスを受けられるよう〝2つの住民票〟的なことを国に提案しています」と書かれていた。当時の民主党政権の片山善博総務大臣は「『二重市民権』とまでは言いませんけれども、『一・五重市民権』みたいなものがいるのではないか」と述べていた。同じ時期、日本を代表する行政学者・西尾勝氏も「二重市民権」という言葉を用いて、肯定的な姿勢を示していた。住民票を残したままの人については、生活をしている避難先自治体での市民権を得なければならないし、住民票を移した人は、避難元の「復興の主体」となりえる市民権を有していなければいけない。その両方を満たす政治学上のアイデアが、二重の住民登録制度であった。

ところがその後、片山大臣も西尾氏もトーンダウンしていく。背景には、総務官僚の抵抗があったのではないかと、福島大学教授（当時）の今井照さんは指摘している（『未来の自治体論』）。総務官僚が懸念していたのは、やはり民主主義の根幹に関わる「納税」と「選挙」の問題である。住民票が二つある場合、どちらの自治体に納税するのか、どちらの自治体で投票するのか。第四章でも触れたように、この問題は、日本にある一七〇〇自治体の行政サービスの根幹が揺らぎ、大きな混乱を招くことになるのではないか。そういった懸念が総務省内にあったことは想像に難くない。

結果として、避難元に住民票を置きながら避難先で行政サービスを受けられる特例法が設けられ、「二重の住民登録」制度自体が日の目を見ることはなかった。僕は、当時この議論の界隈《かいわい》にいた人たちに接触をはかり、話を聞かせてもらった。総務省内には、貨幣同様に重要な統治手段である住民登録制度に大きな改変を加えるなどというのはもってのほかだという考え方の人たちと、地域振興の観点から過疎地域に継続的かつ主体的に関わる外部人材を獲得する手段として柔軟に考えるべきという考え方の人たちがいたことを知った。

そして、かつて地域振興派の大物次官がいたこともわかった。福島県出身の佐藤文俊さんだ。二〇一六年、総務省に「これからの移住・交流施策のあり方に関する研究会」が設置された際、当時事務次官だった佐藤さんのもとで、二地域居住と「二重の住民登録」制度の可能性を巡る議論があった。この研究会の中間報告書では、

地域や地域の人々と多様に関わる者である「関係人口」に着目し、「ふるさと」に想いを寄せる地域外の人材との継続的かつ複層的なネットワークを形成することにより、このような人材と「ふるさと」との関わりを深め、地域内外の連携によって自立的で継続的な地域づくりを実現することが重要である。

と関係人口を内発的発展の肝に位置づけている。

しかし佐藤さん退任後、この話はタブーとなってしまったという。

二〇二三年時点でも、原発事故避難者から引き続き避難先と避難元での二地域居住を制度的に保障してほしいという要望が出ており、町長、村長、県知事が国に要望しているが、国は「今後の課題」としている。つまり、喫緊の課題ではないという認識だ。

先に紹介した今井照さんは、『二重の住民登録』論が示唆する先には、デジタル化と単身化にともなってやってくる移動社会化に備えるための壮大な政治・行政上の構成転換に向けた視野が広がっている」と展望している。総務省が警戒するのは理解できる。しかし政治的には、思想信条に絡むテーマでもなく、それほど大きな抵抗は生まれないのではないか。トップが政治決断すれば、法制化は難しくないはずだ。

近代化が目指してきた「個人」の確立が招き寄せた単身社会（ソロ社会）は、地縁や血縁などさまざまなつながりからの解放につながった。これは領域性や身体性を前提にしてきた「地方自治」や「自治体」の概念をも揺るがせる。そして移動社会では居住の事実と居住の意思が分裂し、居住の事実すらも複雑化する。移動社会では、個人の居住の意思に基づいて居住の事実を分配する法制度化が求められるというのが今井さんの主張である。

繰り返すが、変化する現実に法律は追いつけていないのだから、変わるべきは法律だろう。

そうして、従来の地縁や血縁に変わる、「新たな縁」を自ら選び、関わり、地域で紡いでいくのが、関係人口の眼目なのである。

誰かを生かし、誰かに生かされているはずなのに

関係人口化することによって、地縁や血縁の一部を新たな縁にリプレイスしていく——。このことは、近年、台頭してきた「ウェルビーイング」と切り離せない。ウェルビーイングとは「よく生きる」ことを意味する概念で、「充実／幸せな状態」を指す。固定化した定義があるのではなく、時代によって変わる概念だ。

イギリスでは二〇一八年に世界で初めて孤独担当大臣が設置されて、国をあげて孤独の問題に立ち向かっている。孤独による年間の経済損失は四・八兆円とも言われている。日本でも、世界で二番目に孤立・孤独対策担当大臣が設置された。日本政府も孤独を大きな社会問題として認識しつつあるということだ。

では、孤独や孤立を解消して何を目指すかというと、それがウェルビーイングなのである。『友だちの数で寿命がきまる』の著者、予防医学者の石川善樹さんと対談した際、「孤独は煙草よりも健康に悪く、つながりが少ないと死亡率は二倍になる」ことを僕は知った。石川さんは、社会の中で役割を持っている人の方が長生きすることも教えてくれた。老人会や自治会などで、「役職のない人」と、会長や副会長など何かしらの「役職がある人」では、役職がある人の方が長生きだった。

今、国際社会は二〇三〇年までの目標としてＳＤＧｓ（持続可能な開発目標）を掲げているが、二〇三一年、ＳＤＧｓの次に設定されるテーマは「ウェルビーイング」しかないだろうと石川さんは断言する。

僕は、サステナビリティとウェルビーイングはコインの裏表の関係にあると思っている。なぜなら、ウェルビーイングは、人や自然との関わりの中で「生」を充実させていった先にあると考えているからだ。具体的には、食事、社交、愛、アート、スポーツ、農業などで、これらは大規模な地球環境の破壊をともなうことなく実現できることばかりだ。「我慢しろ」「抑制しろ」と言われるとつらいが、「こっちの方が心地よくて、幸せだよ。そして、その先にサステナビリティがあるよ」と言われると聞く耳をもってもらいやすいだろう。

理屈を頭で理解することと、体感するなどして腹落ちすることは似ているようでまったく異なる。

何年か前に、「ポケットマルシェ」を通じて生まれる生産者と消費者の関係性について調査したことがある。

実際に生産者の現場を訪問したことがあると答えたユーザーが一〇三人いたが、彼ら彼女らは腹落ちする体験がしたかったのだと思う。そして、もうひとつ調査から判明したことは、生産者とのつながりが深いほどユーザーのウェルビーイングが高いということだった。

最初は「お客さんと生産者」の関係だったのが、名前で呼び合うようになって、子どもの話や趣味の話をするようにもなって、人間関係ができてきて、最終的には子どもを連れて生産現場まで遊びに行く――。

もちろん、「自分が稼いだお金で、生きていくために必要なものをすべて買っているから、俺は一人で生きているんだ」という人もいるけれど、実際は誰かが汗水たらして育てた食べものを、自分が稼いだお金と交換しているわけで、生産者に「生かされている」というのが実情なのだ。生産者も現金がないと生きていくのは難しいので、消費者に「生かされている」わけだ。

そうやって誰かを生かし、誰かに生かされているはずなのに、その「誰か」が見えないのが今の社会である。ポケットマルシェはその「誰か」を可視化しようとしてきた。だからポケットマルシェの中では、「ありがとう」という言葉が生産者とユーザーの間で頻繁に交わされている。現場に行って体験すれば、さらに感謝の気持ちが深まる。そういったことがウェルビーイングを高めている。直販は生産者にとって手間と時間がかかると言われるが、本章の冒頭で書いたように「あいだ」があるほど人間関係が育まれる。親戚付き合いのようになって、お客さんがお客さんを連れてくるということも起こる。

今の若い人たちと話していると、「可処分所得」よりも、「可処分時間」や「可処分空間」を大事にしていることがよくわかる。必ずしも給料が高いところに行きたいわけではないし、オフィスに縛られないテレワークやフレックスタイム制といった働き方を求めている。実際に生み出された時間で何をするかと言えば、残念ながらほとんどの人はスマホ、テレビといったスクリーンを見てしまうのだが、人や自然との触れ合いの時間を確保することでウェルビーイングを実感していくことの重要性に気づいている人も増えてきた。

特定の地域に継続的に関わる関係人口になり、都市と地方を行ったり来たりする生き方は、可処分空間と時間を豊かに生きることにもつながる。県の成長戦略のど真ん中にウェルビーイングを据えて、関係人口一〇〇〇万人の「ウェルビーイング社会」を目指そうとしている富山県のような自治体も生まれているのだ。

知事答弁

二地域居住の推進については、なんとか復興プラン本案に盛り込むことができたことについては前述した。その際、併せて石川県に提案した「石川県特定居住者等登録制度」の経緯にも触れておきたい。

五月のゴールデンウィーク最終日には、金沢で「能登復興と関係人口の可能性を考える」トークセッションを企画した。僕と、政府の「移住・二地域居住等促進専門委員会」有識者委員でもある石山アンジュさんが司会を務めた。当時、自民党二拠点居住社会実装タスクフォース座長を務めていた衆議院議員越智隆雄さんらがゲストで、馳浩石川県知事も飛び入り参加した。

トークセッションで、僕はあえてより踏み込んだ具体案を提案した。「石川県特定居住者等登録制度」である。簡単に言うと、能登の復興に定期的に〝通い〟で関わる人（二地域居住者）が自治体に登録してもらうことで、能登の応援団を可視化し、組織化し、ニーズを吸い上げ、改善策につなげることができる。改善がなされれば、さらに二地域居住者を増やしていくことにもつながるという提案だ。たとえば、復興に関わりたいが交通費に負担を感じる二地域居住者がいたとしよう。この二地域居住者が自治体に登録し、石川県にふるさと納税の寄附をした場合、交通費負担を軽減するクーポンなどを返礼品にすることもできるのではないか。

「二地域居住」という言葉はまだ社会に定着していない。したがって二地域居住者も自らが二地域居住者だという自覚がない。だから登録制度から始めることが極めて重要だ。専門家や市町村と話しているだけでは、二地域居住者の実像に迫ることはなかなかできない。「顕在化しているニーズの解決」という従来の行政的アプローチでは本質的なニーズは捕まえられない。まずは潜在化しているニーズを可視化することが必要なのだ。

それからほどなくして、石川県議会六月定例会で、僕がブリーフィングした県議が、二地域居住者の登録制度を導入することで関係人口の拡大を図るべきという趣旨の一般質問をし、知事の見解を質した。馳知事からは「提案の趣旨を踏まえつつ、本県独自の二地域居住者モデルを検討する」との答弁があった。終始、下を向いて答弁書を読み上げていた知事が顔を上げて答弁した箇所があった。

「被災地での二地域居住モデルは、わが国で恐らく初めての取り組みになると思われるし、この石川モデルを全国にも展開していく必要があると考えているので、丁寧に取り組みたい」

総務省は石川県の動きに非常にセンシティブになり始めていた。だが、国会議員としてこの二地域居住の課題に早くから取り組んできた越智隆雄さんは戦略的に考えていた。総務省内では納税と選挙に関することは議論がストップしてしまうことを気にしていた越智さんは、国交省から法案化することを目論んでいた。国土政策として二地域居住に前向きな同省で法案化し、具体的な実績を重ね、最終的に総務省の理解を得た上で、納税そして選挙の問題に踏み込んでいく戦略を描いていた。

越智さんはとてもバランス感覚のある人だ。僕は越智さんの戦略に対して一定の理解を持ちつつも、もどかしさも感じていた。今が攻めどきであり、その条件は整いつつある。だから一気呵成《かせい》に進めるべきではないか。今の時代の空気を、ここ能登で直に吸って吐いてきて得た直感のようなものが僕にはあったのだ。その後、自民党石川県連の勉強会で講師として呼ばれたり、雨風太陽も加盟している新経済連盟が自民党に提出した「地域活力の創生とレジリエンス強化のための緊急提言」の中に、二地域居住者の登録制度について盛り込んでもらったり、NHK「ニュース7」やテレビ東京「ワールドビジネスサテライト」でも特集されたりと、追い風を実感することになった。

関係人口は「根無し草」なのか

ひとつの場所に根ざして生きる。住民票がある地域で腰を据えて生きる。

日本は元来、瑞穂の国なのだから、土地に縛られて生きるのが当たり前の生き方のように思われてきた。

そうした既成概念からすると、「二地域居住」や「関係人口」のような一カ所にとどまらない遊動生活は、ともすれば腰の定まらない生き方、まっとうではない生き方に映る。「根無し草」「風来坊」という言葉から感じるニュアンスも決してポジティブなものではないだろう。

しかし、人類の長い歴史を見ると、数百万年もの間、人間は狩猟採集を中心とした遊動生活を続けてきた。一カ所に固定して生きる「定住」が始まったのは約一万年前とされ、むしろごく最近始まったライフスタイルに過ぎない。僕たちは長い狩猟採集の時代、獲物や木の実を求めて移動しながら暮らしていた。そして、農耕牧畜の普及とともに定住が広まっていき、同時に「所有」という概念が生まれることになった。

原始の遊動生活では、実は比較的自由で平等な世界が実現されていたのだ。だが、所有できるようになると、持てる者と持たざる者との間に格差が広がり、支配や抑圧も生まれる。

近年、モノを所有することから解放されたい若者たちのあいだでシェアの概念が広まっている。場所から解き放たれオフィスに縛られない働き方をするノマドワーカーや、暮らす家に縛られないアドレスホッパーも増えている。自分らしく生きる自由を求めている姿は、狩猟採集時代の遊動生活に戻っているかのようである。複数のコミュニティに所属して生きることは、自分への評価を固定させず、新しい自分の可能性に気づける余地も生まれる。

哲学者の柄谷行人氏はこの現象を、フロイトの基本テーゼで説明している。

いまの人は慣れているから逆に思っているかもしれませんが、定住社会はストレスが多く、いやなものなんですよ。原遊動民の世界は、自由かつ平等な社会です。しかし、それは定住後に、抑圧され忘却されています。フロイトの基本テーゼは、「抑圧されたも

のは必ず回帰する」です。つまり、原遊動性は忘却されていますが、強迫的に回帰してきます。（『遊動論　柳田国男と山人』）

統制の妨げとなる「原遊動性」は、国家形成の過程においては邪魔なものだった。だから、忘れ去られるように仕向けられ、その結果、日本は定住する農業社会という誤った常識が刷り込まれてきたのかもしれない。

同じように、歴史学者の網野善彦氏は著書『日本の歴史をよみなおす』で、伝統的に日本が農業国であったとする通説を覆す、説得力ある論を展開している。網野氏が通説を疑い、確信を持ったきっかけは、なんと奥能登での調査活動であった。一九八〇年半ばから約十年かけて、代々庄屋を務めた家に伝わる膨大な時国《ときくに》家《け》文書（石川県輪島市）を丹念に調べる中で、山がちで棚田ばかりの貧しい能登のイメージが一変させられた。網野氏は、

江戸時代までの奥能登の実態は、港町、都市が多数形成され、日本海交易の先端を行く廻船商人がたくさん活動しており、貨幣的な富についてはきわめて豊かであった。

と書き、これは能登のみにとどまらず、日本列島の社会全体に及ぶと結論づける。つまり、日本は決して伝統的な農業社会などではなく、かつての能登に見られるように、たとえば廻船商人のようなノマドと百姓の混合社会だったというのである。復興のために東京から故郷輪島市に通う前述した坂一博さんという能登人にこの話をしたところ、「自分も祖父の代まで漁師で、一年の大半はあちこちの港を飛び回っていた。その血をひいているからか、東京に定住していたときよりも今の輪島との二地域居住の方がわくわくするし、自分らしく生きられている」と納得されていた。

第四章で見たポール・ゴーギャンの『我々はどこから来たのか　我々は何者か　我々はどこへ行くのか』を思い起こす。能登の先人たちがかつてどんな生き方をしていたのかを振り返ることを通じて、能登人が何者であるかを考え、能登がどこに向かうべきかを模索する。歴史はその良き材料となる。能登が歩んできた歴史を踏まえると今回の復興プランの最重点課題に据えられた「二地域居住の推進」、そしてその先進地を目指すことは能登らしい未来を見据えたものとなるのではないだろうか。

どこを目指して進んでいいかわからなくなると、前や横ばかりを見がちだ。将来はこんなテクノロジーが普及するだろうという未来予想を頼りに、最新テクノロジーを使いこなすこと自体が目的となったテクノロジードリブン型のスマートシティだったり、他の町にはこんな好事例があるからそれをそのままうちの町でもやろうという横展開型の金太郎飴型まちづくりだったり。もちろん、最新のテクノロジーを活用したりして、他の町の事例を参考にするのはよいことだ。しかし、それらはあくまで自分たちの地域の強みを伸ばすため、課題を克服するための手段でしかないということを忘れてはいけない。

どこにでもある町は代替可能で、そこでなければいけない理由が生まれない。他にないユニークな町だからこそ、その特徴が理由になって住み続ける人や関わる人、移住する人がいるのだ。そのユニークさは町が連綿と紡いできた唯一無二の歴史と地続きとなっているのだから、後ろを振り返ることが大切なのである。次の一歩をどこに踏み出すか。それは、世界に一本だけのその町の歴史の延長線上に踏み出すのが一番力強いものになるだろう。

谷川雁と黒川紀章の「予言」

ひとつの土地に縛られて生きることから僕たちが解放されたとき、そこにはどんな地平が広がっているだろうか。

そのことを想像すると、僕はふたりの日本人のことを思い起こさずにはいられない。谷川雁《たにがわがん》と黒川紀章《きしょう》である。

一九六〇年代、吉本隆明と並び立つ思想家として、若者や知識人に多大な影響を与えた谷川雁は、「海夫の風流興るとき　日高六郎様」という論考の中で、これからは難民化の時代だと予言めいたことを書いている。

私などは日本がなるべく広く深く液状化・流体化して、だれもが難民としての自分をみつめるようになることを歓迎しているのです。難民の時代ですよ、これからは。結局は、この国の内外にうごめく膨大な難民たち、難民的要素を直視し、これと多角的に付き合う方法を見つけるより道はあるまい。そのような「新倭寇」の時代が到来すれば、この列島は見失った気力を取り戻し、大きく鼓動しはじめるはずだ。（『谷川雁セレクションⅡ』）

また日本を代表する建築家のひとり、黒川紀章は著書『ホモ・モーベンス』を通じて、社会に次のように問いかけている。

私は、そのような新しい価値をになった人びとを、ホモ・モーベンス（動民）と名づけたい。もとよりその「動く」ということばが指しているものは、単に無目的に、他律的に「動かされる」ことを意味しているのではない。それはいわば、みずからの存在の目的と行為の最高価値をモビリティーに求め、それによって生の存在証明を獲得しようとする人である。いずれにしても、ホモ・モーベンスの出現は、いままでの工業化社会・高度産業社会がつくり上げてきた、固定的で、巨大で、体系的なピラミッド型の社会をつきくずすモメントであり、新しい多様性社会の出現を預言するものである。

どうだろう。まるでふたりは、関係人口の台頭を予言しているかのようではないだろうか。「新倭寇」「ホモ・モーベンス（動民）」といった言葉は、デジタル化と単身化にともなってやってくる移動社会化の先を見事に捉えた慧眼《けいがん》ではないだろうか。

第二章でも述べたように、都市化を強力に推進した近代社会は、生産力の拡大にともなってますます細分化され、社会的生産が必ずしも個人の創造の喜びとは一致しない「自己疎外」が人間の精神を蝕んでいる。毎日の自己放棄、不条理や無意味さへの諦めから目覚め、自分自身に充足して生きるには、人間の全体性を回復させる関係性を取り戻すことである。

完成された消費社会を生きる僕たち人間は、生存生活に必要な条件を整えることを他者に委ね、それらをお金で購入している。そしてその他者が誰かは知らない。また、お金を手に入れるために誰かのためにやっている社会的生産は、その誰かが見えないので自分本来の創造的喜びと結びつかないことが多い。だから、やりがいはないけれど、食べるために、子どもを育てるために仕方がないと割り切って、つまり自分自身を偽って毎日働いている。いや、働かざるを得ない。ならば、そうした現実をこなしながら、一方で社会的生産と自分本来の創造の喜びが一致する場を求めて、移動すればいいのではないだろうか。関係人口という生き方はそれを可能にするはずだ。

一緒に能登の被災地支援をしている日本航空社員の上入佐慶太くんは、平日は本社がある天王洲で働きながら、毎週末、能登に通い、自分が得意なインターネットや動画撮影のスキルを生かしながら、支援活動を続けている。彼は「能登に行くと、自分が最も自分らしくいられるんですよね。実際に自分がやったことで救われる人も目に見えるし、やりがいがある。あと、東京では難しい人間的な付き合いができる人が能登にはたくさんできました」と語る。

人生の選択において、一週間のうち、いつ、どこで、誰と、暮らすか。一年の内、いつ、どこで、誰と、暮らすか。それぞれのライフステージに応じて、生活や仕事の拠点となる地域を選択することができるようになる。定住生活から遊動生活にシフトすることで、いつ、どこで、誰といることが、自分自身が重要視する価値を実現できるか、という判断が可能となるということだ。そうした社会や人生を実現する上でひとつの有力なフィールドになりうるのが、地方の農山漁村なのである。

前述した多面的機能を発揮する農村は、それぞれの地域が持つ強みに応じて、各個人がその有する多様な能力を社会の維持・発展のために発揮することができる。都市の会社では必ずしも自分がやりたい仕事を選べるわけではないが、強みや弱みや特徴が千差万別の農村では自分の特性に合った場所、自分の力を存分に発揮できる場所を探し、選ぶことができる。マーケティング、ブランディング、マネジメント、編集、執筆など、自分が得意なことを生かし、本当にそれを必要としてくれる人のために貢献することができる余白があるのだ。また会社では常に評価の眼差しにさらされ、競争を余儀なくされるのが常だが、人手不足の農村ではそうしたプレッシャーとは無縁だ。

そして、各個人が満たしたい多様な価値に農村が応えることも可能だ。肩書やポジションに合った自分を演じる会社では、どういう人生を歩んできたのか、どういうことに感動する人なのか、どういう悩みを抱えているのかといった「人間性」はともすればノイズとして切り落とされがちだ。一方、農村では会社での肩書やポジションは役に立たず、どういう人間なのか、人間の中身が問われる。つまり、肩書やポジションを捨てたときに残る「裸の自分」「本当の自分」が重要になる。そして、「本当の自分」を抱きしめてくれる人たちがいる農村を探し、選ぶことも可能だ。

農村が有する資源や歴史、伝統は、全国画一的なものではなく、多様性に富んでいることから、多彩な人材が多様な価値を生み出す地域社会は、自ずと各地域が互いに差別化された強み・魅力を発揮するものとなるだろう。それぞれの地域にいろいろな花が咲き乱れる〝百花繚乱〟の社会とは、そういうものである。

三段構え

お盆休み明けの八月中旬から、石川県二地域居住モデルの検討が具体的に動き始めた。ヒアリングや意見交換会を重ねながら、僕は霞が関にも通い、情報収集をしていた。

二地域居住モデルをつくるにあたっては、やはり住民票と納税の問題にまで踏み込む必要がある。ここが本丸であることは重々承知していた。しかし、この二つは国政を動かす必要があり、時間がかかり過ぎる。すでに石川県には震災で二地域居住を余儀なくされている被災者がいる。復旧復興のために外部から関わってくれる支援者たちも日々能登を訪れている。被災者の状況を改善させるためには、一刻も早く形にしなければならない。関係人口を可視化する機会損失にもなるだろう。

僕は三段構えで考えるようになっていた。まず関係人口の考え方を社会に広げることで外堀を埋める。これはこの十年である程度、実現してきた。次に、具体的に二地域居住モデルを石川でつくることで内堀を埋める。最後に、本丸である税制にも踏み込んだ「二重の住民登録制度」を実現する——。

本丸のイメージを固めることで、そこからバックキャスティング（目標やビジョンから逆算して行動計画を立てる）し、内堀を埋めるための解像度を上げる。つまり、石川の二地域居住モデルがよりクリアになる、そう考えていたので、本丸の霞が関を徘徊《はいかい》し、情報を集めていたのである。

総務省上層部には、

「二地域居住は具体的に議論を進めるべきだが、納税と選挙の議論から始めると動かなくなる。だから、能登など日本の過疎地から議論を活発化させ、できるところから制度を実装していけばいい。住民票と納税については、ふるさと納税制度の先に見据える必要がある」という考え方をしている人たちがいることがわかった。

また国交省上層部のある幹部は、

「全面的に協力する。住民票についても問題意識は非常に高く、いま現在いびつな形のふるさと納税を本来あるべき姿にする突破口になればと思う。石川モデルが話題になれば、総務省の問題意識も変わってくると思います」

と、非常に前向きだった。

総務省の開かずの扉をどうこじ開けるか。僕は永田町の衆議院会館にも足を延ばすようになっていた。詳しくは第六章で触れる。

大物次官佐藤文俊

僕はどうしてもある元総務官僚に会わなければならなかった。前述した元総務事務次官の佐藤文俊さんである。当時、二地域居住や関係人口に理解が深く、二重の住民登録制度についても前向きだったことは、関係者の証言でわかっていた。そして僕は当時、佐藤さんが書いたある文章を手に入れていた。

なお、全体的に物足りなさの残る国の地方創生第二期総合戦略ではあるが、「関係人口の創出・拡大」という考えを打ち出したことは注目に値する。地方への新しいひとの流れをつくる、東京一極集中を是正するということになると、まずは移住、定住ということに頭がいくのだろうが、いきなりそこへもっていくにはやはりハードルが高い。また必ずしもそこに住んでいなくても特定の地域に関心をもち何らかの形でかかわる人々が存在することは地域を支える大きな力になるだろう。かかわり方は様々でよい。二地域居住する、一時的に地方の暮らしを体験する、ボランティアを定期的に行う、事業活動を展開する、副業、兼業という形で知識・経験を提供する、など多様な形がありうる。

(「これからの一〇年：地方分権と地方創生」)

僕はこれまでの総務省人脈を駆使して、佐藤さんにアプローチを試みた。元大物次官ということもあり、総務省の現役官僚は「佐藤文俊」という名前を出すだけで、それは無理という反応だった。僕は諦めきれず、複数の知人の伝手《つて》をたどってアプローチを試みたところ、なんとかアポを取りつけることができた。そして、八月下旬、ようやく佐藤さんに会うことができた。

僕が石川でやろうとしていること、僕が今考えていることを伝え、佐藤さんの考えを聞かせてもらった。

佐藤さんは、「二地域居住を入口にすると狭過ぎ、広がりに欠くから、広く関係人口を入口にして、その中に二地域居住を位置づけたらいい」という考えだった。そして、「ふるさと住民登録制度」というアイデアを教えてくれた。佐藤さんのアイデアをまとめると次のようになる。

「各市町村にふるさと住民の登録名簿を作り、誰でも好きなように登録できるようにする。その枠組みをまず石川県がつくる。ふるさと納税も活用し、額は小さくても返礼品目当てではなく、石川県を応援するという本来の趣旨に合った形で寄附できるようにする。いわばふるさと納税の進化版である。同じく石川で始め、それを次は国が全国展開する。

ふるさと住民登録者に何を期待するのか、そして、各市町村は何を与えられるか。そこを競争してもらう。各自治体が知恵を出し合って考えればいい。

牛肉とかカニはダメ。今のふるさと納税の返礼品合戦の二の舞はいけない。行政サービスや情報提供、旅費負担の軽減といったある程度住民と同じような便益がいいだろう。その中で、深い関わりの人に向けた二地域居住なども手段のひとつとして考えればいい。精神的な帰属意識だけで登録する人がいてもいいし、いろいろな関わり方があっていい」

僕が切歯扼腕《やくわん》しているように見えたのだろう、佐藤さんは諭すようにこう付け加えた。

「最初から理想を求めず、やれるところからやり、修正していけばいい。『ふるさと住民登録制度』の未来は明るい。なぜなら反対する人はそういない。役人は心配しなくていいからと説得する人がいればいい。選挙だけは憲法が絡むので難しいが、個人住民税の一部を移転できる選択制納税制度もやればいい。住基ネットを使えばやれる」

我が意を得たりという気分だった。

その後もメールでやりとりし、僕は石川県で一点突破し、国へと全面展開するアイデアを「ふるさと住民登録制度」としてまとめあげた。本章の最後に記載する。

関係人口の獲得のために

第二章でも取り上げた明治大学の小田切徳美教授によると、「ふるさと住民登録制度」の萌芽《ほうが》はすでに半世紀前に芽生えていたという（『農村政策の変貌』）。

一九七四年、ふるさと住民登録制度を見越していたかのような仕組みをつくっていた自治体があった。福島県三島町の「特別町民」制度だ。会費を納入する地域外者を特別町民に認定するもので、町に来れば事実上町民として過ごせる仕組みをつくろうという目標を設定し、「ふるさとづくり」運動の先駆者として全国的にも注目を集めた。一九八〇年代後半、東京一極集中が強まる中で、都市社会学者の磯村英一氏は、安定的な自治体経営を実現するために、住民概念の拡張を提案した。地域外に住みながらも、その地域環境に関心を持ち、その地域を応援したいと思う「信託住民」制度である。信託住民は一定の基準による納税の義務を果たせば、その自治体の選挙にも参加することができるとした。

同時期、地域社会学者の小川全夫氏は、空洞化が顕在化し始めた中山間地域において、この「信託住民」構想が重要な意味を持つことを論じた。この構想を拡張し、「ある村に自分が心を寄せるとしたならば、その村のために住民活動をする、寄付金活動をする、あるいはさまざまなアイデアを提供するという多様な信託住民活動が考えられ、それにより、少なくとも税の再分配ではない、もうひとつのお金の流れができあがってくる」と主張した。地域外の住民による資金、労役、知識・知恵の提供が、地域内の内発的エネルギーと結びつきやすいこと、そしてここにこそ地域の再生の糸口があることを主張した。

二〇一五年にはシンクタンク「構想日本」が、同様の趣旨で「ふるさと住民票制度」を提言、北海道ニセコ町や福島県飯舘村をはじめ、全国一〇自治体が参加している。このように全国各地で同様の仕組みが散発的に行われているが現状、広がりを欠いている。しかし、これを法律まで作って全国制度にし、国が音頭をとって国民運動として展開していったら、国民の認知度、参加意欲などもだいぶ違ってくる。さらに個人住民税の分割納税と普通交付税算定が実現されれば、すべての自治体が目の色を変えて関係人口の獲得のために善政競争を始めるので、一気に広がっていくのではないだろうか。

ふるさと住民登録制度（案）

（目的）

現に居住し住民登録している市町村以外の市町村にふるさと住民としての登録ができるとするもので、特定の地域にゆかりある人々、関心を持つ人々がその地域を応援し、地域づくりに参画する、いわばふるさと応援団的なものをつくろうとするものである。

これにより、関係人口の創出・拡大を通じて、地域の維持、活性化を目指す。

（内容）

ふるさと住民登録者は、ふるさと住民登録する自治体に対して積極的に関わることが期待される。自治体は、その関与を引き出すため、関与に応じたメリットの提供を行う。一方、ふるさと納税の返礼品合戦のような状況に陥らぬように一定のルールは求められる。

◎自治体が登録者に期待すること

・二地域居住する
・一時的に地方の暮らしを体験する
・農作業などのボランティアを定期的に行う
・事業を展開する
・副業、兼業という形で知識・経験を提供する
・経験を提供する

・旅行で定期的に訪れる
・その地域で生産されたものを買う
など

◎自治体が登録者に提供できること
・自治体の計画や事業に関する情報提供や意見聴取など行政上の意思形成プロセスに参画
・コワーキングスペースなど、公共施設の利用
・行事への参加
・一部行政サービスの提供
・移動費の支援・地域産品の割引購入
・災害時の疎開先の斡旋
など

〈国の役割〉

①ふるさと住民登録のシステム構築

ふるさと住民は申請により、住民基本台帳ネットワークシステムを活用し、ふるさと住民台帳に登録される。登録を簡便にできる、いつでも（転出入）できる、登録先の数を制限する、などを考えると、ネットワークシステムが不可欠。

②自治体への財政措置

登録者数は、域外の関係人口による行政需要の大きさと一定比例するものであり、国は自治体に対して財政措置を講じるべきである。また、財政的なインセンティブがあることで、すべての市町村が登録者を確保することに積極的に取り組み、自治体間競争による制度活性化が期待できる。具体的には、住民税の分散納税や、普通交付税の算定措置への組み込みがよい。

（施策目標）

制度開始10年後に、１０００万人のふるさと住民登録を目指す。なお、ふるさと住民登録者が１０００万人の場合、約３兆４０４億円の経済効果を期待できる。

第六章

都市と地方をかきまぜ続ける

能登で見つけた糸口

なにか目に見えない力に導かれているような感覚を、僕は能登に入ってからずっと抱いていた。

これまで十年間、社会に発信し続け、事業を通じて実践し続けてきた「関係人口」というコンセプトが、国や自治体、地方創生の現場を中心に少しずつ理解されてきたという確かな手応えを感じてはいた。一方で、決定打に欠ける気もしていた。

まだ雲をつかむような抽象性がある。社会に実装するには明らかに何かが足りない感じだ。それは何か。ずっとモヤモヤしていたのだが、能登に入り込み、支援している中で、答えにつながる糸口が少しずつ見えてきた。そして、やがて確信に近いものを感じるようになっていった。

福島、そして能登で起きた震災で図らずも二地域居住を余儀なくされている被災者がいる。そして被災したのは、いずれも過疎地域であった。僕は、過疎は慢性的な災害だと捉えている。過疎地域に必要なのは「関わる人」の存在であり、その中に二地域居住を含めた関係人口がある。

能登で関係人口を具体的に社会実装する答えに迫り、つかみとらなければならない。ここが勝負所であり、開かずの扉をこじ開けるのは自分しかいないという使命感のようなものを感じていた。それが「関係人口」を提唱し、社会に広げてきた僕自身の責任だと。

進んでは壁にぶつかり、ヒントが舞い降りてきて、また進み、壁にぶつかる。

手探りで少しずつパズルのピースを集め、徐々に霧が晴れていくようだった。

動き出した政局

二〇二四年八月一四日、僕は福島県富岡町にいた。三年前の夏から始めた「ポケマルおやこ地方留学」に、小学四年生の一人息子とふたりで参加していた。このおやこ地方留学は、主に大都市圏の親子が夏休みに一週間、地方の農山漁村にやってきて、親は自然豊かな環境でワーケーションをし、子どもは農家や漁師のところでさまざまな自然体験を行うプログラムだ。

今、帰る故郷がない都市住民がどんどん増えている。昔であれば、田舎のじいちゃん、ばあちゃんのところに子どもを連れて行って、川で遊んだり、山を駆け巡ったりしたものだが、連れて行く先がないのだ。それでも都会では得難い教育的価値を子どもに提供したいと考える親は少なくない。そうした家族向けにこの事業はスタートした。

この日、岸田総理大臣は記者会見で「自民党が変わることを示す最もわかりやすい最初の一歩は私が身を引くことだ」と述べ、来月の自民党総裁選に立候補しない意向を表明した。自民党の派閥の政治資金パーティーを巡る問題を受けて、政権への世論の批判が強まり、内閣支持率が低迷する中、退任に追い込まれる形となった。この日から連日、マスコミの報道は次の総裁選に集中していった。出馬への動向が注目される有力候補者たちの中にふたり、僕はつながりがあった。ひとりは小泉進次郎衆議院議員である。

ふるさと住民登録制度を実現するためには、政治の力が必要である。トップが決断し、号令をかければ、必ずや動き出すと考えていた僕は、この総裁選の有力候補の政策の中に、なんとかこの地方創生の秘策を入れ込むことを目論んでいた。最終的には過去最多となる九人が総裁選に立候補することになったが、小泉さんの出馬会見は刷新感と勢いがあり、加えて後ろ盾となるキングメーカー、菅義偉元総理の存在もあり、当初、政治評論家やマスコミは一様に小泉さんを最有力候補として情勢を伝えていた。小泉さんとは能登の被災地を丸一日視察してから、被災地の状況について電話やショートメールでときどきやりとりする間柄となっていたが、出馬表明してからはなかなか連絡がつきにくくなった。

そこで、僕は小泉陣営に入った坂井学衆議院議員に会いに行った。坂井さんは能登の震災以降、何度も被災地の現場に足を運んでくれ、課題解決のため関係省庁へ働きかけてくれていた。

実は坂井さんとはもう二十年来の付き合いになる。坂井さんが二〇〇三年の総選挙に神奈川五区から初出馬したときに僕は選挙の手伝いをし、落選後の一年間は秘書としてお仕えし、浪人時代をともに過ごした。僕の人生の中で最も濃密で過酷な一年となったが、かけがえのない一年にもなった。多くのことを学び、その後の人生の大きな糧となった。その後、東日本大震災の際にも坂井さんは何度も岩手の被災地に駆けつけてくれた。

坂井さんは菅政権下で内閣官房副長官を務めた。当時、僕は坂井さんに、関係人口を確かな地域の力に変換するには二地域居住や二重の住民票制度がひとつの形で、住民税の分割納税まで踏み込むことが大事だと訴えていた。いわば、お上がお墨付きを与え、納税もしてもらうことで、受け入れる地元住民の側に納得感を持ってもらうことが重要である、と。能登で二地域居住が重要課題に上がった際には、坂井さんはその必要性をよく理解し、国会の予算委員会で総理に質問してくれたこともあった。

今回の総裁選に関しても、小泉候補の政策の地方創生の部分に、「関係人口の拡大・深化を目指して、『第二のふるさとを持ち、その地方に関わり続ける仕組み作り』を行い、行財政制度によって自治体間の健全な競争を生み出し地方の活性化を図る」を入れてもらえるよう、坂井さんに直訴した。

もうひとりは石破茂衆議院議員である。二〇二三年九月、千葉県千葉市で開催された地方創生イベントのメインセッションに、石破さんと僕が登壇し、この十年の地方創生を振り返った。「地方創生の本質は、スペインの哲学者のオルテガが言っている『国有化された生』の奪還（地域主義の復権、生き甲斐の創造）」だと、初代地方創生大臣も務めた石破さんに大政奉還ならぬ大「生」奉還を進言したところ、「地方創生はもう国や自治体だけでやる時代じゃない。そもそも稼ぐことが苦手なのが行政、政治なんだから、民間の出番ですよ」と応じてくれた。東京一極集中と地方の過疎化が止まらないのは、その方が国は管理統治しやすかったからで、でももう時代遅れで変えるべきだと明確に聴衆に話されていた。

イベント終了後、関係者で懇親会が開催され、僕は石破さんの隣の席だった。日本酒を酌《く》み交わしながら、いろいろ話した。当時、政治とカネの問題が表面化していたので、「石破さん、チャンスが来ますよ」と言ったら、「そうかなぁ」と渋い顔をされるので、「派閥解体までいけば、チャンスは出てきます」と伝えた。その後、国民の厳しい批判に押し切られるように、岸田総理が派閥解消を宣言し、他の派閥も続いた。事実上、麻生派を除くすべて派閥が解消され、国民の人気が高くとも党内の政治基盤が脆弱だったがゆえに辛酸を嘗《な》め続け、オワコンだとも評されてきた石破さんにチャンスが巡ってきたのだから、人生は本当に何があるかわからない。僕は正式な出馬表明直前に、石破さんから一時間予定をもらい、能登の被災地の課題、そして二地域居住を含む関係人口が復興の鍵を握ること、それにとどまらずに地方創生、日本創生にいかにつながるかということを延々とまくし立てた。石破さんは腕組みをしながら、盛んに頷かれていた。

アグリツーリズム

そんな自民党総裁選が始まった二〇二四年九月下旬、僕はイタリアに渡った。日本でもこれから推し進めるべき「アグリツーリズム」の先進地であるイタリアの事例を学ぶことが目的だ。アグリツーリズムとは、都市住民が農村や農場で休暇や余暇を過ごす観光スタイルのことで、第二次世界大戦後、バカンス大国のフランスで始まった。今では、イタリア、ドイツ、オーストリアなど、ヨーロッパ各地で人気となり、都市に暮らす人たちが長期休暇を農村で過ごす「余暇活動」として定着し、一大産業となっている。

農家の所得向上と農村の活性化に大きく寄与し、持続可能な農村の実現につながることが期待され、農林水産省が「農泊」として推進しているものの（後述）、日本では広がりに欠いている。国内外の旅行者の七割が農村に宿泊するイタリアはヨーロッパでは後発組ではあるものの、農村地域の過疎化や地域経済の衰退という課題を解決するため、国が一九八五年に法律（アグリツーリズム法）を制定し、国をあげてアグリツーリズムを振興。今ではイタリア全土で二万件以上の農家が、部屋と食事を提供する農家民宿を運営している。運営の基準は各州法で規定されていることから、地域ごとに特性が顕著で、質も高く、旅行者は安心して宿泊できることが、イタリアのアグリツーリズムの特徴とされている。

まずイタリアの中でもアグリツーリズムが盛んなトスカーナ州サンジミニャーノ市の農家民宿を訪問し、宿泊した。レセプションで出迎えてくれた女性、フランチェスカさんから話を聞いた。ここでは父と夫が醸造用の葡萄とオリーブを栽培しており、フランチェスカさんが宿泊施設を担当している。北イタリア出身で、トスカーナに移住して十年間、葡萄農家の下で修業を積み、二年前に独立。築二五〇年の古民家と五・五ヘクタールの葡萄畑を購入し、宿泊業は昨年七月から始めたという。

「夫婦でアグリツーリズムをやることが夢だったの。今はすべてが幸せ。ここにはトスカーナの農産物、景色、世界遺産など、いろんな魅力があるわ。一番満足していることは、世界中からやってくるお客さんに、トスカーナの魅力を伝えるお手伝いができることね」

素泊まりで一泊二万五〇〇〇円。イタリアの農泊は複数泊からの予約が一般的だ。たとえば一週間あれば地域の魅力を十分に堪能してもらえるからで、一泊で予約できるところは限られていて、値段も高い。ちなみにこの日、近所のアグリツーリズムレストランで夕食をとったが、ここは一泊だと一〇万円だった。古い建物を改築したレストランで、入ってみるとミラノやローマの高級レストランと変わらない雰囲気で、地域の食材を使った食事のレベルも高く、ワインももちろん地元産。そして周囲には豊かな自然が広がっているのだ。暗闇に目を凝らすと、点在する家の明かりが美しい。都会でいくらお金を積んでもできない世界がここにはある。これぞアグリツーリズムなのだ。

翌日は北上し、パルマ近郊のアグリツーリズムに宿泊した。チェックインを担当してくれたロランツァさんという女性は、元々近郊の町で薬局に勤めていたが、七年前に夫の故郷のパルマで農家民宿を始めた。一五ヘクタールの農地で主に小麦を生産し、その傍らでお客さんの朝食用の野菜を栽培している。今では農業より宿泊による収入の方が大きいそうだ。ロランツァさんは、

「イタリアでは田舎の古い家をリノベーションすると、ＥＵから補助金が出るの。アグリツーリズムは田舎の価値や伝統を伝える上でとてもいい手段だし、お客さんに伝えられることもたくさんあるわ」

と誇らしげに語ってくれた。

ヨーロッパでは、一九六〇年代から労働時間短縮運動が活発化し、自由時間を手にした都市住民の間でアグリツーリズムが大きく発展した。受け入れ側の主役を担ったのはフランチェスカさんやロランツァさんのようにホスピタリティの高い女性たちだった。男性が農業経営に専心し、女性が農村休暇経営を担うことで、互いに対等な立場で経済的に独立することもできた。農村における女性の働き方、生き方を変えることにもつながったのだ。閉鎖的で封建的な農村に象徴される日本の地方では、いまだ男性優遇社会が続き、若い女性の流出に歯止めがかからない。

地方で生きる女性の活躍の場としてのアグリツーリズム、農泊を、日本でも育てていきた

い。僕たち雨風太陽は、「ＳＴＡＹ ＪＡＰＡＮ」という農泊サイトを運営する会社「百戦錬磨」を関連会社化し、農泊事業にも参入することにした。農村に海外からのインバウンドが増えることで、足元の価値に気づかない日本の都市住民も改めて地方の農村の価値を見直し、足を向ける契機になるだろう。

もうひとつだけ紹介したいアグリツーリズムがある。ロンバルディア州にあるゴルフェレンツォという人口約二百人の町だ。住宅街に混在しているのは九つの宿、二つのレストラン、スパと売店がひとつずつで、合わせて四十人ほどが働いている。宿泊は一軒貸しに四人で泊まって六万四〇〇〇円、レストランの食事は四万八〇〇〇円ほど。こうした形態は「アルベルゴ・ディフーゾ」と呼ばれていた。「アルベルゴ」は宿泊施設、「ディフーゾ」は分散型の意だ。宿泊は宿で、食事は飲食店やカフェで、入浴は銭湯や温泉で、と役割を分担して地域全体をひとつの宿と捉える。宿という機能を分解し、観光客と地域の交流を促し、関係人口を生むという考え方だ。一九七六年に北イタリアのフリウリ地方で発生した大地震をきっかけに、その復興の過程でジャンカルロ・ダッラーラ教授によって提唱された。

実は、日本でも今、この「アルベルゴ・ディフーゾ」的な要素を農泊に取り入れる農村が現れ始めている。白神山地のふもとに位置する秋田県藤里町では、農泊受け入れ農家の高齢化が進む中で、負担軽減策として宿泊と食事を分離することを試みた。宿泊を担当しない農家が地域交流センターで夕食をつくり、もてなした後、それぞれの農家民宿で宿泊する方式だ。各農家は寝泊まりと朝ごはんを提供する。農家の負担も軽くなり、宿泊者も宿と観光地を行き来するだけではなく、地域や住民に触れる機会が増える。その地域の魅力や文化が「線」ではなく「面」となり、伝わりやすくなり、関係人口につながるきっかけにもなる試みだ。能登の復興にも非常に参考になるのではないだろうか。

「生きものとしての人間」を自覚せよ

アグリツーリズム後進国である日本の状況を整理してみよう。

まず、一九九四年、「農山漁村余暇法」が制定され、当初はグリーンツーリズム（緑豊かな農村地域において、その自然、文化、人々との交流を楽しむ、滞在型の余暇活動）としての取り組みがスタートした。二〇一八年には農林水産省が「農山漁村滞在型旅行」を「農泊」として商標出願した。国は農泊を、「農山漁村において日本ならではの伝統的な生活体験と非農家を含む農山漁村の人々との交流を楽しみ、農家民宿や古民家等を活用した宿泊施設に滞在して、観光客にその土地の魅力を味わってもらう農山漁村滞在型旅行」と定義し、農林水産省だけでなく観光庁や内閣府の政策にも組み込まれている。その主な目的は、農山漁村の所得向上と活性化の実現である。二〇二三年には、政府が閣議決定した「観光立国推進基本計画」の中で、さらなる成長を目指し、ターゲットの変更を明示。これまでは小中高校生の体験学習が主な対象だったが、コロナ禍の影響で先行きが見通せなくなってきたことから、国内外からの個人旅行者にターゲットを切り替え、後押しする構えだ。

僕は、このターゲット変更に疑問符をつけたい。たしかにコロナ禍の影響が残る二〇二三年当時はまだ難しかったかもしれないが、社会がコロナへの耐性を獲得した今、両にらみで行うべきだ。

繰り返し述べてきたように、首都圏などの都市で生まれ育ち、帰る故郷がないふるさと難民が増えている。このままではやがて盆暮れの帰省ラッシュもなくなり、辛うじて地縁血縁でつながっていた都市と地方の分断が決定的になるときがくる。同じ国であるにもかかわらず、都市の人は地方の課題が、地方の人は都市の課題が理解できなくなる。課題だけではない。痛みもわからなくなってしまう。つまり共感が生まれないのだ。そういう意味でも、子どものころに体験学習を通じて地方に関わっておくことは、地方への共感を育み、将来、関係人口として地方に貢献してくれることにもつながるのだ。
子どもが本当の「生きる力」を獲得するには、身体性をともなうさまざまな自然体験、生活体験の場が必要だ。体験の裏付けがない知識の習得はそもそも意味がない。知識と体験が接合してこそ知恵になるのだ。その知恵が、子ども自身がこの先の人生でさまざまな困難や挫折を味わったときに、それを克服するために能動的に動きだす力を涵養する。普段学校で学んだ知識を知恵に昇華する場として、地方の生産や生活の現場ほどよいところはない。

〝こころの眼〟と〝あたまの眼〟

解剖学者の三木成夫《しげお》は、自然を捉える人間の眼について、次のように書く。

自然を眺める人間の眼には二種が区別される。そのひとつは〝かたち〟に向かうものであり、他のひとつは〝しくみ〟に向かうものである。前者を〝こころの眼〟と呼び、後者を〝あたまの眼〟と呼ぶ。（『生命とリズム』）

そして、〃こころの眼〃が心情で、〃あたまの眼〃が精神とし、この精神の台頭によって、自然科学は目覚ましい発展を遂げる一方で、人間の中に強大な自我を確立させ、これが無常の流れに逆らっておのれを不動のものに固定するのだ、と嘆く。

世界が人間を中心に動くという壮大な錯覚がここに生まれ、自然の〃しくみ〃を乱用して、おのれの飽くなき欲望充足に役立たせようとする今日の世相が成立することとなる。それは、心情の支えを失って精神に憑かれた自我者の集団が、この地球の自然を「原形」をとどめぬまで掘り返し、掘り尽くして終わることがない昨今の光景に如実に象徴されるだろう。世界中で都市部のメガシティーに地方部の農山漁村から若者たちがなだれ込み、画一化が進行している。それはその土地固有の自然や風土に立脚した農山漁村などの多様なカルチャーの終焉《しゅうえん》をも意味する、と三木はさらに手厳しく喝破する。

同じ文脈で、心情の退化に警鐘を鳴らすのが、独立研究者の森田真生《まさお》さんである。森田さんは一昨年（二〇二二年）、〃こころの眼〃が森羅万象へと大きく開かれていた詩人宮沢賢治の生誕の地、僕の故郷花巻を訪ねてくれた。蕎麦と味噌おにぎりを一緒に食べたあと、賢治が耕作していた「下ノ畑」周辺を散策した。でっかい青空、照りつける太陽、雪をかぶった早池峰山、白鳥が飛来する北上川、冬野菜が居並ぶ畑――。この花巻固有の風景こそが、賢治によって詩に翻訳されていく前の「原作」であり、だからこそ賢治がいなくなっても、この土地を吹き抜ける風と行き来し雲からエネルギーをとれば、賢治と同じような世界観を翻訳する人がまた生まれてきてしかるべきで、それこそが本質だと、ふたりで意気投合した。

児童とは、生殖という意味においても生産という意味においても、その存在の基礎を大人の身体に委ねたままで、魂が交流するイノセントワールドを生きることのできる人生の幸福な日々の呼び名に他ならないと、森田さんは考える。働かずに実家の質屋に金の無心をして好きなことに没頭する一方、生涯独身を貫いた宮沢賢治は、まさに生殖と生計の営為にその身体を汚さぬということによって、大人になってもイノセントワールドを生き続けることを貫いた人だったと言えるだろう。イノセントワールドを飛び出して〝あたまの眼〟が肥大化すると、人であることを特別視し始める。特別視し、自己中心的に物を見るのではなく、人であることが物であることと地続きになる場所に降り立つことが大事であり、宮沢賢治以外にも俳諧師の松尾芭蕉や哲学者の西田幾多郎がその達人だったと、森田さんは言う。芭蕉は「物に入る」と言い、西田は「物となる」と言った。そして本来、この場所に降り立つことが自然にできていたのが身体的直感を有する児童、つまり子どもたちであったはずだ。

先入観のない子どものこころで生きものと向き合ったとき、彼らが語りかけてくるように感じた覚えは、誰しも幼少期にあるだろう。ところが、僕たちは成長するにつれ、生きものの気持ちなどわかるわけがないと、こころの声に耳を塞いでしまうようになる。だから、人間でないものたちが、人間と同じように言葉を発する物語は「童話」と呼ばれる。非人間との会話を堂々として許されるのは、なぜか「童《わらべ》」だけなのであると、森田さんは首を傾げる。

大人たちの〝あたまの眼〟が定めた評価にさらされ続けている子どもたちは今、イノセントワールドを失いつつある。それは都市化の裏返しでもある。「ああすれば、こうなる」と、結果を予測する思考は、機械の世界の話である。現在の教育システムは、子どもたちのためというよりも、教育システムを維持することが目的化してしまっている。増加の一途にある積極的不登校は、〝こころの眼〟を閉ざされることへの子どもたちの静かな抵抗なのではないだろうか。

自然世界との関係人口

システムにアジャストすることを求められ、それに答え続ける優等生は、知らず知らずのうちに他律化していく。ここ数年、就職活動を控えた高学歴の若者たちから、「やりたいことがわからない」という類の悩みを何度聞いたことか。人間を超える知能を持つＡＩ（機械）の出現に僕たちは怯《おび》えているが、むしろ人間の知性がシステムの中で機械のようにしか作動しなくなることを恐れるべきではないだろうか。

だからこそ、そのシステムの外に定期的に出ることが大事なのである。

「システムの外」とは自然の世界であり、自然に働きかけて生産物をつくる農山漁村の世界だ。自然の世界では、「ああすれば、こうなる」は通用しない。自然は読み切れるものではない。だから「天災が起きれば仕方ない」となるが、システムの中では「仕方ない」という言葉を使ったら負けになる。

自然はまた、生きものたちがうごめく世界だ。人類学者の今西錦司は、著書『生物の世界』の中で、「生物の生活とは環境との同化である」という論を展開している。微生物でも昆虫でも大型動物でも、あるいは植物でも、およそ生物が生きるということは、食物を摂取し、消化し、排泄《はいせつ》するサイクルを延々と繰り返していくことである。

生物が生きるということは、生物が働く存在であり、生活するものであるということだと今西は言う。生物が働く？　生物が生活する？　そう違和感を覚えるかもしれない。働くとは本来、目的にかなう結果を生ずる行為という意味がある。つまり生きるという目的のために必要な食べものを獲得することが、生物が働くということである。そして生活とは、生存して活動することという意味がある。生物の生活とは、食べものを摂取し、消化し、排泄することで生存し、また生存し続けるためにそのサイクルを回し続けることである。

となれば、生物が働く、生活するのにまず必要なことは、食物を認識する、つまり自己の延長として感じることに他ならない。つまり、食物は生物にとって身体の延長であり、生物の生命の延長が食物なのである、と今西は論を進める。外は内であり、内は外である。これを哲学者の西田幾多郎は、「絶対矛盾的自己同一」と呼んだ。

ということは、常に働かないといけない生物の生活とは、環境との同化であり、それはこの世界に生物が誕生して以来、生物に備わってきた主体性の発展ということになるが、同じ生物である人間はどうだろう？

僕たちの生活には今、この主体性がないのではないだろうか。

だから生きる実感、手応えを感じることができないのではないだろうか。

生物の生活の本質である、環境との同化に近いことを、システム化された人間の世界で再現しようとすると、自分を取り巻く環境である自然や地域、生産者に主体的に関わる——つまり関係人口になる、ということになるのではないだろうか。

他律化している都市の子どもたちが、ポケマルおやこ地方留学で自然の世界に飛び込み、〝こころの眼〟を開き、感性を思い切り解き放つ。東京から参加したある母親は「この子が、自分の意思や感情を表に出して表現するようになって驚いた。今まで私はこの子の何を見ていたんだと反省した」と、娘の変化に目を見開いた。

子どもたちはまた、自分が何に依存して生きているかを、自然の中で泥んこになって体感しながら学んでいく。その過程で、子どもたちはやがて、自分の存在が、まるで毛細血管のように地球生命圏全体にしみわたっていることを発見することになる。そんな彼らは、人間と人間以外を切り分けてきたこれまでの思考の機能不全を乗り越えることで、世界各地で起きている自然の異変を、自分の痛みとして感じるようになるはずである。

自分という個体を超えた生命とのつながりを感じ、自分でない動植物などの存在の幸いを自分の喜びとする道を選ぶ人間もその中から出てくるだろうと森田さんは言うが、これは「自然世界との関係人口」とも言えるのではないだろうか。

相反するものは補完する

イタリア視察最終日。南仏プロヴァンスで暮らしている友人の大前敬祥くんが会いに来てくれ、彼のアテンドでイタリア北西部のピエモンテ州にあるワインの産地、バルバレスコ村、バローロ村、アルバ村を回ってきた。大前くんは七年前に家族でプロヴァンスに移住し、国際核融合炉研究プロジェクトＩＴＥＲの首席戦略官として、多国籍の技術者たちを束ね、陣頭指揮をとっている。そんなテクノロジーの最前線にいる彼だが、ワークライフバランスを大切にしていて、休日には南仏、イタリアに出かけてワイナリーを巡り、アグリツーリズムを堪能しているという。

大前くんは、「日本の地方がミニ東京になったら日本は沈没する。外国から日本を訪れる人はいなくなる。高層ビルを見るなら東京じゃなく上海に行くからね。だからこそ、その地方を守る活動をしている博之や、生産者さんたちには感謝しかない。帰ることができる故郷があるから、こうやって世界と戦えているんだ」と言ってくれた。

とても合点がいったのは、「日本の地方創生に一番大事なのは休みだ」という話だった。

イタリアやフランス、スペインなどヨーロッパの国は長期休暇、いわゆるバカンスを取ることが一般的だ。長期休暇を生かして地方に滞在し、地方の魅力を堪能できる。それに休暇を取るタイミングも地域ごとに分かれている。一方、日本の休暇といえば、お盆休みやゴールデンウィークのように全国一斉の短い休日が一般的だ。三、四日、長くとも一週間程度の一斉休日では混み合う中「観光」はできても、ゆっくり「滞在」することはできない。

とにかく、地方を切り捨てたら、日本人はホームレスになる。帰ることのできる安寧《あんねい》の地があるから東京で戦えるし、世界で戦える。地方は、ヒットポイントを回復できる場所。地方がなくなったら日本は終わりだよ——。大前くんは、そう語気を強めた。

いろんな話をしながら、僕らはピエモンテの田舎道をオープンカーで走った。

僕も、地方創生は消えゆく農山漁村の延命治療ではないと考えている。都市が都市であり続けるためにはますます地方が必要不可欠で、両者は切り分けられない。都市化が進めば、地方もより豊かにならなければ均衡がとれない。

都市化で便利になるのはもちろんいいことだが、問題は、効率よく生産性を上げながら働いて得た「時間とお金」で何をするかだ。それは本来、生産的な世界から見たら無駄なこと、つまり非生産的なことを楽しむこと以外にないのではないだろうか。生産性を追求する世界で蓄積したストレスは同じ世界では解消されないのだ。無駄を楽しむことを捨ててがんばっているのだから、無駄が愛しくなるのは当然だ。ロボットが嫌なことがあったからと酒に溺れるだろうか。カウンターに好みの異性がいたからと口説くだろうか。無駄を愛することができるのが人間なのだ。

生産的な世界と非生産的な世界。矛盾するものは実は両立しうるものなのではないだろうか。生と死もそう。どちらかだけでは存在しない。右翼がいるから左翼がいる。Aという反対があるから、もう一方にいるBという自分を自覚できる。男と女も合わせて人間。一見反対の存在は、補完し合っているのだ。それを切り分け、二元論にするから問題が起きる。

だから、都市と地方をかきまぜる。

都市というツルツルの世界でがんばらないと、ごにょごにょの地方の世界を楽しむ余裕が生まれない。六本木のタワーマンションに象徴される合理的なツルツルの世界は画一的で効率がよい。一方、田園や里山の非合理的なごにょごにょの世界は唯一無二で効率が悪い。たとえば、地域に受け継がれてきたお祭りは、ごにょごにょの象徴だ。経済合理性の真逆にあり、非効率極まりない。だが、都市住民の魂を揺さぶるエネルギーの塊でもある。ツルツルとごにょごにょの両方があることが大事なのだ。

今回のイタリア視察で僕が最も考えさせられたのは、成熟した社会とは何か、であった。都市の人間は地方の人間をリスペクトし、地方の人間も都市の人間をリスペクトしている。対等な関係なのだ。日本に果たしてそれがあるだろうか。いまだに先進的なものは都市にあり、地方は立ち遅れたところだという考え方が根強く、「上下関係」になっているのではないだろうか。成長はしたけれど、成熟していない社会が日本なのかと、突き付けられたようだった。農業経済学者の生源寺眞一《しょうげんじしんいち》さんは、成熟社会を次のように定義する。

ひとりの人間の中にも成長型の気迫と成熟型の気分が同居していると思う。社会の成熟とは、このように幅のある生き方が選択肢として開かれており、それぞれの選択が無理なく共存できる状態を指すのではないだろうか。経済成長、是か非かではない。成長への多様なスタンスを包摂することができる社会、これが私の考える成熟社会である。

（『農業と人間』）

まさにそのようなものだと僕も思う。

こころは能登に

非日常であるイタリアの農村と都市を巡りながらも、正直僕は、心ここにあらずだった。理由は、能登である。

日本を発《た》つ前日、能登を豪雨災害が襲った。震災から九カ月。これからようやく本格的な復興に向けて動き出そうというタイミングで、また振り出しに戻ってしまった感があった。心折れてしまったであろう被災者たちを思うと、言葉もなかった。すぐにでも能登に飛んでいきたい気持ちを抑えながら、羽田空港を飛び立ち、イタリアでも視察の合間にスマホを開き、能登の状況を追っていた。

能登出身で現在は東京で働く若者たちがいる。夏、僕は彼らに呼びかけて都内の集会所で車座座談会を開いた。十人ほど集まってくれた。その懇親会の席で、僕は「復興に関わりたい東京在住の能登出身者はもっとたくさんいるはずだ。そういう人たちが定期的に集まれる場をつくった方がいい。人数が増えればメディアも取り上げてくれる。東京で能登出身者が思いを馳せていることを被災者の方たちが知れば、大きな力になるはずだ」と、彼らを煽り、それがきっかけで「能登ヨバレ@東京」という会が結成されることになった。「ヨバレ」とは、集まりに呼ばれ、もてなされる能登地方の風習のことを指す。

その一回目の会合に、僕は南仏に向かう車の中からオンラインで参加した。話の大半は水害についてだったが、気になることがあった。今回の水害で特に被害が大きかったのは輪島市町野町と、珠洲市大谷地区だったが、大谷地区の情報が皆無だったのだ。僕は、その会合が終わった後、すぐに大谷地区の知人に連絡した。地元で保険会社を営む重政辰也さんだ。震災後、家族は金沢で避難生活を送り、重政さんは金沢と珠洲を往来する二地域居住者となり、若手リーダーとして地元の復興の先頭に立っている。町野には重機を持った技術系NPOやボランティアなどがたくさん入っているのに対し、大谷は道路が寸断されているため孤立しているということだった。

重政さんは精神的に強い人で、これまで弱音や愚痴を聞いたことがなかったが、「どうしていいかわからず、途方に暮れている」と本音が溢れた。僕は、能登への思いを抑えきれなくなり、当初二週間で組んでいた視察スケジュールを半分で切り上げて、帰国することにした。

帰国前日、自民党総裁選の開票をライブ中継で見ていた。臥薪嘗胆《がしんしょうたん》。これまで決選投票で涙を飲んできた石破茂さんがついに第二八代自民党総裁に選出された。そして第一〇二代内閣総理大臣に就任することになった。

さらに帰国する日の朝、知人の新聞記者から「坂井さんが初入閣する見込み」とのメッセージが届いていた。問題は、どの分野を担当する大臣になるかである。願わくは、ふるさと住民登録制度の本丸である総務大臣にと思ったが、与えられたポストは国家公安委員長だった。ただし、内閣府特命担当大臣として、防災、海洋政策、国土強靭化、領土問題も担当するという。有事に問われるのは平時であり、平時にできないことは有事にはできないということは、被災地で常々実感してきたことだ。外部の力、つまり関係人口が多い自治体は、レジリエンス力も高いので、災害に備える国づくりに直結する。その防災という観点から考えても、ふるさと住民登録制度を導入する意義はあるだろう。それは、人垣でつくる「ソフト」による国土強靭化でもある。

続けざまに朗報が舞い込む。ふるさと住民登録制度の知恵を授かった元総務次官の佐藤文俊さんが、内閣官房副長官に就任したのだ。事務方の内閣官房副長官と言えば、霞が関の官僚のトップである。ふるさと住民登録制度について理解のある石破さん、坂井さん、そして佐藤さんが、内閣の最重要ポストに就く。ここで形にできなければいつやるのか。目に見えない流れがぐっと来ているような気がした。

総理に直談判

マルセイユ空港からロンドン・ヒースロー経由で羽田空港へ着き、そのまま小松空港に飛び、能登へ向かった。地震に続き豪雨災害でも甚大な被害を受けた珠洲市大谷地区で重政さんに会った。

大谷地区はゴーストタウンのように静まり返っていた。重機やボランティアも、同じく甚大な被害を受けた輪島や町野などに比べて桁違いの少なさだった。珠洲市中心部から沿岸部の大谷地区に行く道路が、あちこちで寸断、陥没、土砂流入していて、車両一台が減速しながらやっと通れるような状況で、泊まれる場所もないのだ。被災者のひとりは煙草をふかしながら、「大谷は陸の孤島。見捨てられたんだよ」と力なくこぼしていた。

かける言葉がなかった。それほどに町は死んでいた。

僕は重政さんを励ましながら避難所に寝泊まりし、この状況をなんとか前に動かしたいと考え、できるところから動き出すことにした。まずは地域を回ってニーズを拾い上げ、ＳＮ

Sでボランティアを募ったところ、その週末には十人が来てくれた。重機が入れない住居周りの土砂を撤去する作業が中心だが、木や草の根が深く張った粘土質の餅のような泥なので、スコップやツルハシも使い物にならず、手づかみで少しずつ取り出さなければならない。気の遠くなるような作業だった。

数日経ったころ、坂井大臣から電話がかかってきた。石破総理と能登の被災地に視察に行くことになり、総理は日帰りだけれど、自分は残って一泊二日の行程で視察したいという。アテンドを頼まれた僕は大谷地区の窮状を伝えたところ、坂井大臣と石破総理も視察に来てくれることになった。視察団は五十人を超える規模で、避難所にいる被災者の数を超えていた。ふたりが大谷小中学校に現れたとき、僕は「天意現成」という言葉が頭に浮かんだ。熊本県上益城《かみましき》郡山都《やまと》町大野に鎮座する幣立《へいたて》神社に飾られている額の文字で、天の意思が現実に成る、という意味だ。坂井さんの政治活動の原点は熊本にある。これは坂井さんの座右の銘で、付き合い始めた二十年以上前から常々、この言葉を口にしていた。

坂井さんは手練手管でポストを取りに行くことはせず、自分は天命が下ったそのときに備えて準備をしておく、という心持ちで政治活動をしてきた。僕はその一貫した姿勢をずっと見てきた。非主流派に追いやられるも持論を曲げることなく、それゆえ干され続け、永田町では「終わった人」との見方が大半だった石破さんとも一年前に杯を交わし語り合った。そのふたりが総理大臣と国務大臣として姿を見せたとき、天意現成という言葉の意味が本当にわかった気がした。

別れ際に僕は石破さんに一枚のペーパーを渡した。表面は、石破総理が所信表明演説で新たに創設すると宣言した「新しい地方経済・生活環境創生本部」のメンバーになりたいという直談判の手紙。裏面には、「ふるさと住民登録制度」の提案をしたためたものだ。

その後、ほどなくして石破政権は早期の解散総選挙に踏み切った。新政権誕生直後のご祝儀相場で支持率は前政権より上がっていたものの、政治と金を巡る問題への国民の不信感は根深く、選挙戦は報道含めて裏金問題一色となった。自民党にとっては完全な逆風下での選挙となった。当選五期で初入閣を果たした坂井さんは、劣勢が伝えられていたものの、未明に小選挙区での当確が出た。八〇四九五票に対し、相手候補は六七三九九票だった。街頭でのビラ配りの反応は厳しい一方、「自民党はダメだけど、坂井さんには票を入れる」という方も少なくなかった。自民党は大敗を喫し、自公政権の与党は過半数割れに追い込まれる事態となった。歴史的な大敗を受け、石破総理をはじめとする執行部の責任を問う声や、早期退陣を求める声が上がる気配だったが、石破さんは翌日、事実上の続投を表明。少数与党として難しい舵取《かじと》りに挑んでいる。

「格差」ではなく「差異」なのだ

僕にとっての最大の関心事は、「ふるさと住民登録制度」である。自民党は総選挙の公約で、地方創生の部分に「関係人口の拡大、二地域居住の推進」を盛り込んでいた。坂井さんの公約はさらに一歩踏み込み、新しい地方創生として、「二地域居住を推進」とともに「ふるさと住民登録制度の確立を目指す」ことを掲げていた。坂井さんは石破政権が誕生し、初入閣を果たした後に、次のように所感を発信している。

石破茂政権が誕生しました。石破総理の地方創生の思いは私の国家観、国づくりの発想と軌を一にするものです。そのキーワードは「関係人口（地域や地域の人と多様な形で継続的に外部から関わる人）」だと思っており、都市部に住む我々も、地方と呼ばれる過疎の地に住む方々もかき混ぜて、ともに生き生きとした人、グループ、地域へと変わっていく

流れを全国につくっていきたいと思っています。新しい内閣のもと、日本の元気を取り戻すべく努力してまいります。

その後、僕の会社に内閣府から連絡があり、「新しい地方経済・生活環境創生本部」の有識者会議委員就任の打診を受けることとなった。弊社東京オフィスに来社した内閣府の担当課長曰《いわ》く「石破総理本人からご指名です」とのことで、もちろんふたつ返事で引き受けた。他には、人口問題に対する提言を行ってきた日本郵政の増田寛也社長や、全国知事会で地方創生を担当している愛媛県の中村時広知事、経済界からは経団連の野田由美子副会長、労働界からは連合の芳野友子会長など、各界から一五人のメンバーが選ばれた。

一一月二九日、総理官邸前にある内閣府の建物でマスコミ公開の下、初回会議が開催された。座長には増田さんが選任された。実は増田さんと僕は、縁浅からぬ関係にある。僕が岩手県議会に初当選したときの知事が増田さんで、僕は元々、増田知事の地方主権の考え方に惹かれ、岩手県議を目指したのだった。当時、県民党を標ぼうしていた増田さんは特定の政党からの支持は受けず、政策ごとにあらゆる政党と是々非々で向き合うという県政運営を行っていた。そうしたスタンスから、選挙では特定の候補者を表立って応援することはなかったが、当時、最年少岩手県議会議員の僕の二期目の事実上の決起集会に応援に駆けつけてくれ、メディアを驚かせた。

あれから二十年。その増田さんが座長となり、会議が進められていった。委員の発言はひとり五分とあらかじめ決められていたので、僕は「ふるさと住民登録制度」一点に絞って、持論をぶち上げた。

「人口減少・少子高齢化に対応した新たな社会モデルとして、都市に住みながら地方に関わる『関係人口』を可視化する、すなわち『ふるさと住民登録制度』の登録者を今後十年で一〇〇〇万人創出することを国が目標に掲げるくらいのことをしないともうどうにもならない」

石破総理は、まずはこれまでの十年の地方創生を総括することが大事で、反省するべきところは反省し、改めるべきところは躊躇《ちゅうちょ》せずに改めるという考えを示していたので、忌憚《きたん》のない意見を言わせてもらった。

東京一極集中とその裏返しである地方の過疎は、どうして生まれたのか。それは中心をつくり、中心にとってよいとされることで周辺を平準化していくことが、最も効率よく日本社会全体を豊かにしていく道だったからである。たしかに日本は物質的に豊かになった。しかし、東京の一極集中も、地方の過疎も、一切止まることはなかったのだ。

都市と地方の格差はまだ残っており、地方の人口流出は止まらないだろう。ならば、さらなる格差是正に取り組むしかない。それがこれまでの地方創生の基本的な考え方だったのではないだろうか。

この考え方を根本的に改めなければならないのである。あるのは、「格差」ではなく、「差異」なのだ。都市と地方は、価値も課題も「質感」が違う。それを「格差」と見なしてしまうから、これまでの地方創生は地方の課題だけにフォーカスしてしまい、ピンボケしていたのだと思う。

地方同様に、都市も課題を抱えている。生き甲斐や生存実感、人との情緒的なつながり、豊かな自然との接触など、都市住民が求めているものが地方にはある。繰り返すが、過疎に起因する地方の課題と、過密に起因する都市の課題はコインの裏表なのだ。ならば、がっちゃんこして同時解決すればいいというのが、「都市と地方をかきまぜる」の主旋律なのである。

衰退する地方の課題を解決できる力が都市にはあるし、閉塞する都市の課題を解決できる力が地方にはあるのだ。それぞれの強みでそれぞれの弱みを克服しながら、異なる価値を再配列して、新たな価値を生み出していく。そこを理解しなければ、「ふるさと住民登録制度」の本質も理解できない。

二時間近くに及んだ会議の締めくくりに、座長の増田さんは、僕が投げ込んだ「ふるさと住民登録制度」について、次のように言及してくれた。

「地方への人の流れの中で二地域居住の話があったが大変重要だ。二地域居住を促進する法律が一一月から施行された。国が二地域居住を法律で後押しするということであれば、関係人口をきちんと制度化することが必要だ。もう、住民票を二つ認めてもよいのではないか。いきなりそこに飛ぶと大変ということならば、住民票相当の法的な証明書のようなものを作って、納税にきちんと結びつける。個人住民税を分割納税したり、普通交付税などに算入したりといった制度的な対応だ」

増田さんは税制を所管する元総務大臣でもある。これ以上ない援護射撃となった。

山が動いた

一二月一一日、国民民主党の長友慎治議員が衆院予算委員会で、この「ふるさと住民登録制度」について取り上げてくれた。宮崎県選出の長友議員は、僕がかつて編集長を務めていた『東北食べる通信』の仲間で、彼は『宮崎ひなた食べる通信』の編集長だった。長友さんは、官房副長官の佐藤文俊さんが二〇二〇年に雑誌『地方自治』に寄稿していた文章の中に「ふるさと住民登録制度」について触れた部分も紹介した。

長友さんの質問に対し、石破総理は「雨風太陽の高橋さん、事務方トップ内閣官房副長官の佐藤さん、このふたりが同じ方向で議論しておられることは極めて意義深いことだと思います。このふるさと住民登録制度、政府の中でよく検討して参りたいと思います」と答弁した。まずは政府の検討課題の俎上《そじょう》に上がったことは、大きな一歩だ。また、坂井大臣は、災害時に関係人口が果たす役割の重要性を踏まえ、「ふるさと住民登録制度は、防災の面、災害への対応力強化の観点からもたいへん重要な意味を持つものと考えている」と答えた。

一二月二四日、政府の「新しい地方経済・生活環境創生本部」がとりまとめた地方創生2.0の「基本的な考え方」が公表された。人口減少を前提として、都市と地方で人材をシェアすることを打ち出した点は、これまでにない画期的な転換だったと思う。大きな方向性の四本柱のひとつに、「都市と地方の新たな結びつき・人の往来を円滑化する政策の強化など」が入った。また、地方創生2.0の基本構想の五本柱のひとつに、「関係人口の増加など人の流れを創り、東京圏への過度な一極集中の弊害を是正する」として「二地域居住の推進方策の具体化などによる関係人口の拡大」が掲げられた。

政府の会議を受け、新聞などのメディアもこの「ふるさと住民登録制度」について取り上げてくれ、関心の高さが伺えた。産経新聞「ふるさと住民登録制度、石破首相『政府でよく検討』」、東京新聞「石破首相も前向き『ふるさと住民登録』って?」、日本海新聞「東京発コラムさざなみ　大臣中座の会議で」、TBSラジオ安住紳一郎の日曜天国「『住民票2枚持ち時代がやってくる!?』」、フジテレビ系列FNNプライムオンライン「第2の住民票!?『ふるさと住民登録制度』とは…石破政権の看板『地方創生2.0』で注目集まる　2025年に議論本格化へ」、山陰中央新報「地方創生、注目集める　ふるさと住民登録制度　関係人口拡大　島根、鳥取両県自治体注視」など続々と報じられ、二〇二五年元日には朝日新聞「関係人口『奪い合い』から価値観転換」として、一連の動きが一面と二面で大きく特集された。

さらに一月二四日、ついに、山が動いた。第二一六回国会が召集され、石破茂総理が施政方針演説で地方創生2.0の重要施策として、「ふるさと住民登録制度」について次のように言及したのだ。

「新たな人の流れを太くするため、いわゆる関係人口に着目し、都市と地方といった二地域を拠点とする活動を支援します。地域に継続的に関わる方々が登録でき、地域づくり活動に参加する担い手となっていただけるふるさと住民登録制度の有効性について検討を行い、結論を得てまいります。地域の外の方々がリモートワーク等で地方の取組を応援しやすい環境をつくります」

これまで愚直に伝え続けてきた二地域居住を含む関係人口の社会実装について、日本のトップである総理大臣が施政方針演説で述べたのだ。これは本当に大きな一歩だが、これからが本当の勝負である。次の最大の焦点は、この地方創生の抜本的な対策としての「ふるさと住民登録制度」が、今年夏にとりまとめる今後十年間の基本構想にどこまで具体的に盛り込まれるか、である。実現に向けて、引き続き自分の役目をしっかり果たしていきたいと思う。

「見えない」「離れやすい」「混ざらない」問題

そして、石川県である。

現在、石川県二地域居住ワーキンググループが立ち上がり、僕もアドバイザーのひとりとして議論に参加している。具体的には、二地域居住を含む関係人口を把握するための登録システムの構築、地域で仲介役となる団体の支援など受け入れ態勢の整備、移動手段及び移動負担軽減や宿泊先等の確保支援について、具体化すべく検討されており、来年度予算に計上される見込みだ。

関係人口の拡大や深化を進める上で、「見えない」「離れやすい」「混ざらない」という三つの障壁をどのように解消するかが鍵となる。

まず、「見えない」問題については、登録システムを活用して関係人口の存在を可視化することで対応が可能だろう。

次に、「混ざらない」問題に関しては、関係人口が地元住民と交流せず、地域が単なる「別荘地化」してしまう事態を防ぐために、仲介役となる団体の支援や育成が重要となる。これにより、関係人口が地域と自然に溶け込むための環境を整えることができる。

さらに、「離れやすい」問題については、関係人口が地域に定着せず、短期間で離れてしまう状況を防ぐために、適切なKPI（重要業績評価指標）の設定が求められる。とはいえ、KPIを単に関係人口の「数」、すなわち量的な指標だけに依存するのは適切ではない。むしろ、関係人口が地域にどれだけ深く関与したかという「関わりの深さ」も合わせて指標とする方が、持続化につながるだろう。

こうした取り組みへの援護射撃を国も始める。国交省は、二地域居住先導的プロジェクト実装事業を新たに開始する。自治体等による二地域居住者への証明、住まいの滞在費や地域間の移動に伴う長距離交通費の低額化・低廉化、保育園や学校に関する子育て・教育環境の制度面・手続き面の課題に対する環境整備、空き家の改修やテレワーク拠点施設等の整備などのモデル事業を対象に、予算化して支援する。また、二〇二四年一〇月に設立された全国二地域居住等促進官民連携プラットフォーム内に新たに、個別課題の部会が設置され、地域関与のあり方に関する部会は、僕が座長に就任する。

これまで移住・定住支援に留まっていた総務省も新たに二地域居住・関係人口に係る特別交付税措置の創設に乗り出す。また農林水産省は、外部企業や外部人材を農山漁村の関係人口として巻き込んで課題解決を目指す「『農山漁村』経済・生活環境創生プロジェクト」を創設し、関係府省庁、地方公共団体、郵便局、民間企業、教育機関、金融機関等が参画する『農山漁村』経済・生活環境創生プラットフォーム」を立ち上げる。同ＰＦ設立記念シンポジウムでは、僕は基調講演を務めることになっている。二地域居住に関しては「通いによる農林水産業への参画・コミュニティ維持」や「農山漁村を支える官民の副業促進」の部会で議論されることになり、二〇二五年五月に議論を取りまとめるとしている。

これら国の支援も受けながら、石川県での取り組みを加速させていき、国の「ふるさと住民登録制度」実現につなげていきたい。二地域居住を含む関係人口の拡大・深化に関わる施策は、国交省、総務省、農水省、文科省、厚生省、経産省、環境省など多くの省にまたがる。「ふるさと住民登録制度」は、これら省庁の縦割りの弊害を防ぐ上で〝串刺し〟の役割を果たすことにもなるだろう。

本書をお読みいただき、僕と同じ問題意識、危機感、解決の方向性に共感いただけた地方自治体首長や自治体職員、霞が関官僚、国会議員、地方議員、民間企業、スタートアップのみなさんには、是非、それぞれの現場から呼応してほしい。特に、「ふるさと住民登録制度」の実現には、現場から賛同の声が最も大きな力となるので、是非、声を上げていただければと思う。

おわりに

この一年、長野、熊本、香川、鳥取、山形、青森など、時間を見つけては地場の証券会社を訪れて、営業マンの方やお客様に地道に企業価値を伝えるＩＲ活動を行ってきた。株を売るのは僕ではなく、証券会社の営業マンたちだ。まずは彼らをファンにするのが狙いだった。地方の小さな証券会社に上場企業の社長がひとり訪ねる例は少ないようで、毎回驚かれる。たしかに非効率かもしれないが、「千里の道も一歩から」の気持ちで、丁寧かつ情熱を込めて会社の価値と目指す社会のビジョンを自分の言葉で直接伝え、仲間を全国に増やしていきたい。一方で、こうしたＩＲ活動だけで企業価値を伝えていくのは難しいとも感じている。「インパクトＩＰＯ」という新しい土俵で戦っているはずが、何かこう、どこか従来の枠組みから抜けきれていないような違和感があった。

本書でレポートしてきた能登での被災地支援活動や、ふるさと住民登録制度などを巡るロビー活動は、直接会社の利益に結びつかない非営利活動だ。

いくらインパクトIPOしても、そして周囲の理解があったとしても、上場企業の社長が非営利活動にのめりこんでいる状況は、株主はおろか社内の理解を得るのも難しくなるだろうし、新たな株主を獲得するのも絵に描いた餅ではないか。そう僕は思い始めていた。

取締役の大塚からも、

「社長はまったく会社の仕事をしないし、雨風太陽の企業価値を上げていない」

と、顔を合わせるたびに小言を言われる始末だった。

大塚は二〇二四年一月から、僕に付き合って能登に何度も通い続け、第五章でレポートしたNOTOMORIなどさまざまな形で具体化をサポートしてくれたが、株価は下がる一方。ついには、「インパクトで株を買ってくれる人はいない」と吐き捨て、取締役としてもどかしさを感じているようだった。

ところが、石破さんが自民党総裁に選出された途端に、石破関連株、地方創生銘柄といった形で雨風太陽は新聞やテレビで大きく取り上げられ、株価は急騰。低迷していた株価は一気に二〇〇〇円を窺うまで跳ね上がった。東京証券取引所の全銘柄の中で値上がり率一位となり、周囲は騒然となった。図らずも、総裁選前から積み上げてきた僕と石破さんの関係性、発信力が株価急騰のトリガーとなった形である。

こうした思いもよらぬ出来事も相まって、大塚は雨風太陽のインパクト創出（社会性）と事業（経済性）の関係について改めて整理してくれた。

この十年、いつもそうだ。僕が広げに広げた大風呂敷を畳んでくれる、取っ散らかったものを最終的にきちんと整理整頓してくれるのが大塚なのである。今回、大塚は「社会的財務諸表」という新しい概念を発明してくれた。それは、社会性を追求する代表取締役社長と、経済性を追求する代表取締役副社長による二人代表制への移行とも合致していた。まずは、この図（287ページ）を見てほしい。

図の下部はいわゆるBS（貸借対照表）とPL（損益計算書）で説明される一般的な経済的財務諸表。僕ら雨風太陽の特徴は、そのBSとPLの上に、どーんとソーシャルインパクトに関する「社会的財務諸表」が乗っかる形だ。社会的財務諸表は僕が、経済的財務諸表は三〇歳の取締役、権藤裕樹が担当する。なぜこのような形になるのか。それは、雨風太陽の原点は「社会に対して変化を与えること」にあり、現在も社会にポジティブな影響を与えることを目指しているからだ。

すべての源泉は、図の右上の共感・賛同にある。

これまでもそうだった。高橋博之の意思と情熱というソーシャルキャピタルが起点となり、車座や講演、被災地支援などの非営利活動を通じて、共感・賛同してくれる方たちというソーシャルアセットが蓄積され、これが「食べる通信」や「ポケットマルシェ」などの事業を生み出してきたのだ。ソーシャルアセットは単事業年度で獲得できるものではなく、蓄積されていく性質を持っている。だから、経済的財務諸表と切り離すことで、じっくり腰を据えてソーシャルアセットを蓄積しながら事業外活動を通じて会社のインパクトを最大化することにも貢献できる。

正直、これでも能登での活動は控え目にしてきたつもりだが、これからは堂々とできるようになる。そして、ポケマルがそうだったように、その過程の中から、新たな営利事業も生まれていき、中長期的には経済的財務諸表の収益にもプラスの影響を与えると確信している。ビジネスの本質は、社会課題の解決にある。「経世済民」という言葉には、世の中を治め、人民を救うという意味があるが、仲間たちに感謝しながら、今年は野に放たれようと思う。

では、野に放たれて何をするのか。

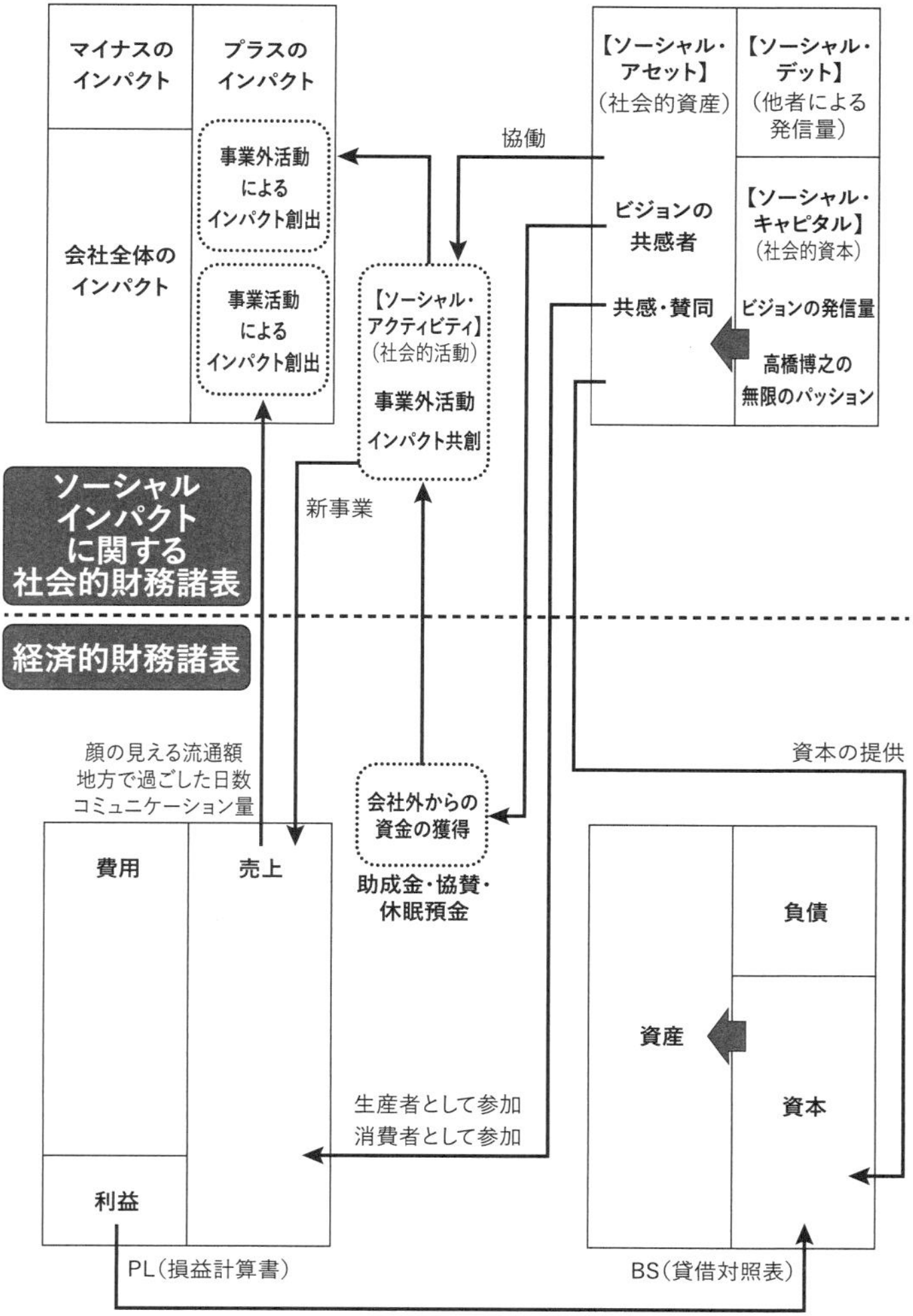
マイナスのインパクト
プラスのインパクト
会社全体のインパクト
事業外活動によるインパクト創出
事業活動によるインパクト創出
【ソーシャル・アセット】（社会的資産）
【ソーシャル・デット】（他者による発信量）
【ソーシャル・キャピタル】（社会的資本）
協働
ビジョンの共感者
共感・賛同
ビジョンの発信量
高橋博之の無限のパッション
【ソーシャル・アクティビティ】（社会的活動）
事業外活動
インパクト共創
新事業
ソーシャルインパクトに関する社会的財務諸表
経済的財務諸表
顔の見える流通額
地方で過ごした日数
コミュニケーション量
会社外からの資金の獲得
助成金・協賛・休眠預金
資本の提供
費用
売上
利益
PL（損益計算書）
負債
資産
資本
生産者として参加
消費者として参加
BS（貸借対照表）

次なる大地震への備え、つまりは事前復興である。

今年元旦に発災した能登半島地震は、これまでの震災の中で最も支援が困難を極めている。理由のひとつは、被災自治体の過疎高齢化が著しく、現地で復旧復興を担う若いプレイヤーが限られていること。もうひとつは、半島という地理的閉鎖性もあって外部からのリソースを集中投下できなかったことが挙げられる。そのことが大きく影響し、被災地の復旧復興は遅々として進まず、さらなる人口流出が懸念されている。

南海トラフ地震では、最大で東日本大震災の二〇倍の被災者数九五〇万人になると予測されている。被害は西日本の太平洋側沿岸部の広範囲に及び、その中には高知県や和歌山県の紀伊半島など、能登半島同様に過疎高齢化が著しく、さらに道路が断絶されて陸の孤島と化し、支援が困難を極める地域がたくさん生まれることが予想される。今回の能登のような所が一気にたくさん生まれるのだ。

その際、問われることはふたつある。まず、最初の避難のフェーズ（緊急支援段階）においては、支援の手が差し伸べられるまで時間がかかるので、自分たちの力で生き抜くことと、生き抜くために足りないリソースを持った外部団体と事前につながり、それらを外部からできるだけ早く調達することである。もうひとつは、次の復旧復興のフェーズで、外から入ってきたボランティアが、地域の相互扶助では埋められないニーズを迅速に把握し、適切な支援を届けられる体制を予め準備しておくことだ。それには、日頃から地域の相互扶助の力を可視化し、運用し、足りない力は外から調達してくる仕組みをつくることが重要になる。そして、避難訓練に留まらずに、日頃からその仕組みが機能するように復興訓練をしておくことが極めて重要となる。

事前復興は突き詰めると、日常のまちづくりと地続きであることに気づく。震災で問われるのは、日常だ。平時にできないことがいきなり有事にできるようになることはない。そして、災害などの有事に噴出するのは、平時の課題だ。つまり、「過疎とは慢性的な災害」という認識を持ち、平時と有事を地続きにして取り組む必要がある。日常の地域づくり、地域振興自体が、防災訓練、復興訓練になるように、である。そうでなければ、まだ起きていない有事に対する備え、すなわち事前復興への住民たちの関心、当事者意識を涵養することは難しく、必然的に外に力に依存する「外発的復興」となってしまう。

東日本大震災では、時間がかかり過ぎる「外発的復興」になると、地域への当事者意識を失った人も会社も流出し、その流れを止めることはできないという教訓を得た。できるだけ時間をかけず、住民たちが主役となる「内発的復興」を目指すには、その備えがすべてなのである。それを踏まえ、地方の過疎地の防災力、復興力の低下という社会課題を解決するために今年から、宮崎県、大分県、高知県、和歌山県、三重県などの南海トラフ地震で大きな被害が予測されている場所で、地域の相互扶助の力と外部の力をベストミックスできる仕組みの実装を、展開していきたい。

詰まるところ、これも平時からいかに関係人口を増やしておくか、というところに行きつく。有事には、知り合いが多い人のところに支援が集中するものだ。顔の見える関係性というのはそういうことである。知り合いであれば他人事ではなく自分事になるので、ほうっておけないのだ。

だから、関係人口が多い町ほど、有事の際のレジリエンス力は当然、高くなる。そうした関係性を都市と地方の間に縦横無尽に紡いでいくことが、災害が当たり前になっているこれからの時代の「人垣」というソフトの国土強靭化になるだろう。

そしてそれは、平時においても都市と地方の双方を活性化させる道とつながっているのだ。

二〇二五年二月

高橋博之

主要参考文献

第二章

田中輝美『関係人口の社会学　人口減少時代の地域再生』大阪大学出版会、二〇二一年
イバン・イリイチ『生きる思想　反＝教育／技術／生命』新版、藤原書店、一九九九年
岡本太郎『今日の芸術　時代を創造するものは誰か』新装版、光文社文庫、二〇二二年
小田切徳美『農村政策の変貌　その軌跡と新たな構想』農山漁村文化協会、二〇二一年
福岡伸一「生物多様性とは地球の動的平衡　オイコスの美」、二〇一二年一一月一二日『生物多様性オンラインマガジン The MIDORI Press』「生物多様性コラム」掲載
ジクムント・バウマン『幸福論　〝生きづらい〟時代の社会学』山田昌弘解説、高橋良輔・開内文乃翻訳、作品社、二〇〇九年
大熊孝『技術にも自治がある　治水技術の伝統と近代』農山漁村文化協会、二〇〇四年
見田宗介『現代社会はどこに向かうか　高原の見晴らしを切り開くこと』、岩波新書、二〇一八年

第三章

アンソニー＝アパカラク＝スラッシャー『エスキモーの息子たちへ』上野渥子翻訳、本多勝一解説、すずさわ書店、一九八一年

第四章
ジョルジオ・アガンベン「根拠薄弱な緊急事態によって引き起こされた例外状態」捕捉説明、二〇二〇年三月一七日発表
東浩紀インタビュー「コロナ後の世界を語る」二〇二〇年八月五日付朝日新聞
松谷明彦『人口流動の地方再生学』日本経済新聞出版社、二〇〇九年
山内昌之ほか『復興の精神』新潮新書、二〇一一年
ジェニー・クリーマン『セックスロボットと人造肉　テクノロジーは性、食、生、死を〝征服〟できるか』安藤貴子翻訳、双葉社、二〇二二年

第五章
今井照『未来の自治体論　デジタル社会と地方自治』第一法規、二〇二三年
柄谷行人インタビュー「定住がもたらす社会の葛藤」二〇一五年一一月二四日付朝日新聞
柄谷行人『遊動論　柳田国男と山人』文春新書、二〇一四年
網野善彦『日本の歴史をよみなおす［全］』ちくま学芸文庫、二〇〇五年
佐藤文俊「これからの一〇年‥地方分権と地方創生」二〇二〇年四月「地方自治」（ぎょうせい）掲載
黒川紀章『ホモ・モーベンス　都市と人間の未来』中公新書、一九六九年
谷川雁『谷川雁セレクションⅡ　原点の幻視者』岩崎稔・米谷匡史編、日本経済評論社、二〇〇九年

第六章
三木成夫『生命とリズム』河出文庫、二〇一三年
今西錦司『生物の世界』、講談社文庫、一九七二年
生源寺眞一『農業と人間　食と農の未来を考える』岩波現代全書、二〇一三年